23632

OEUVRES
DE GRESSET.

IMPRIMERIE D'ADOLPHE ÉVERAT ET COMP.,
rue du Cadran, 44 et 46.

OEUVRES

DE

GRESSET.

PARIS. — E. HOUDAILLE,
28, RUE RICHELIEU.
1839.

NOTICE SUR GRESSET

GRESSET naquit à Amiens, en 1709, d'une famille considérée dans la bourgeoisie; son père était échevin; et quand le fils d'un échevin annonçait de l'esprit, on le destinait ordinairement à être jésuite. Gresset fut élevé chez les jésuites de Paris.

L'éducation littéraire de Gresset concourait avec la fin de la régence, avec le commencement du règne de Louis XV. Hamilton et Chaulieu venaient de mourir; ils avaient légué le secret du vers facile et des rimes redoublées à la muse gracieuse de Voltaire; mais Voltaire, jeune encore, se souciait peu d'un talent qui aurait suffi à sa gloire. Il ambitionnait la palme épique, et bien des gens s'imaginent encore qu'il l'a cueillie.

Gresset eut le bonheur, extrêmement rare parmi les jeunes gens qui se destinent aux lettres, de mesurer ses forces et de connaître sa portée. Enhardi par un grand succès, il tenta quelquefois depuis de franchir cette limite judicieuse qu'un instinct favorable lui avait révélée ; mais ce fut pour y rentrer presque aussitôt. S'il avait débuté par la traduction des *Bucoliques*, la tragédie d'*Édouard*, ou le drame de *Sidney*, c'était un talent perdu.

Il fit mieux. A vingt-quatre ans, il débuta par *Ver-Vert* ; et *Ver-Vert* est un chef-d'œuvre dans son petit genre, car il n'y a point de genre si petit pour l'art qu'il ne puisse être relevé par la perfection du travail. On aimerait mieux avoir fait certaine épigramme de l'*Anthologie*, que le long poëme de Lycophron. Une masse comme celle des pyramides n'étonne que les sens ; ce qui plaît à l'esprit et au goût, dans les petits ouvrages comme dans les grands, c'est l'entente générale d'une composition, l'harmonie de ses parties, et le fini de ses détails. *Ver-Vert* n'est qu'un jeu d'esprit, et *Ver-Vert* est immortel.

Il ne faut d'ailleurs chercher dans *Ver-Vert* ni une fable pleine d'invention, de mouvement et d'originalité, comme celle de la *Secchia rapita*, ni un style éblouissant de poésie, comme celui du *Lutrin* ; *Ver-Vert* est un poëme qui n'avait point alors de modèle, et qui ne doit point avoir d'imitateur ; c'était la juste expression d'une époque à nulle autre pareille, du siècle d'or de la bagatelle et des riens du peuple enfant, frivole et dissipé, qui apprenait à connaître l'histoire dans les romans de Voltaire ; les mœurs, dans les romans de Marivaux ; l'amour, dans les romans de Crébillon ; de cette société qui finissait dans une orgie, comme la cour de Balthazar, mais dans une orgie sans délire et sans vigueur ; où des satyres vaincus du temps et des bacchantes épuisées s'agaçaient inutilement à coups de fleurs artificielles, sur un volcan prêt à s'ouvrir. *Ver-Vert* était la seule Iliade réservée à une nation qui s'en va. Cet état de choses est réellement déplorable à retracer, mais le poëme est fort joli.

Gresset, livré à des travaux moins brillants et plus solides, aurait longtemps attendu les faveurs de l'autorité ; il venait de payer son tribut au scepticisme et à la frivolité du siècle ; on le nomma professeur d'humanités à Tours.

Cependant l'opinion publique n'avait pas été partout également favorable à *Ver-Vert*. *Ver-Vert* avait soulevé contre lui d'implacables rancunes dans tous les couvents de Visitandines, et la supérieure d'un de ces couvents se trouvait sœur d'un ministre. Le professeur d'humanités fut exilé à la Flèche, et pour comble de malheur, il y amusa les loisirs de sa solitude à la traduction des délicieuses églogues de Virgile ; cet essai malencontreux, dont il ne serait plus question, si on ne l'avait conservé dans les nouvelles éditions des *OEuvres complètes* de Gresset, prouva qu'il est plus facile de faire parler les perroquets que les poëtes.

Gresset avait renoncé dès lors à la carrière de l'enseignement, pour exercer la littérature à ses risques et périls ; de cette époque datent ses infructueuses tentatives dans un genre pour lequel il n'était point né. On ne se souvient plus d'*Édouard*, et *Sidney* put passer pour un larcin maladroit, fait au portefeuille de Lachaussée. Cette pièce triste ne serait guère qu'une triste pièce, si l'ennui monotone et larmoyant du fond n'était relevé par un bon style. Aujourd'hui, peut-être, on la remettrait au théâtre avec quelque succès ; la déplorable manie du suicide a fait des progrès qui lui donneraient l'intérêt de la circonstance ; quant au style de nos dramaturges, il n'a pas fait de progrès, tant s'en faut, et celui de Gresset aurait presque le mérite de la nouveauté.

Gresset rentra dans la véritable voie de son talent, par la jolie comédie du *Méchant* : rien ne prouva que l'écolier des jésuites eût beaucoup vu ce qu'on appelait la bonne compagnie, mais il l'avait certainement devinée. Cet ouvrage n'est même que trop vrai ; car il y a un genre de vérité spéciale qui cesse d'être la vérité de tout le monde : à force d'exactitude dans la peinture des mœurs et dans l'imitation du langage, l'auteur est tombé dans le jargon, et ses vers donneront bien de la peine aux scoliastes futurs, s'il y a encore des scoliastes. On remarque dans *le Méchant* une grande finesse d'observation et surtout une grande profusion d'esprit, qui aurait dans tous les temps suffi à son succès ; mais il aurait eu moins de succès s'il avait eu moins de défauts ;

c'est moins une composition dramatique, qu'un tissu de lambeaux d'épîtres et de satires, assujettis tant bien que mal aux transitions des dialogues; il n'y a presque point de sentences dans Molière, il n'y a presque point de traits. Ces figures maniérées du style, sont le propre d'une littérature en décadence; elles abondent dans *le Méchant;* et si on veut se rendre compte du plaisir qu'on éprouve à sa lecture, on verra que c'est ce luxe de mauvais goût qui le produit; je ne donne pas cela pour un vice de l'ouvrage, mais pour le caractère distinctif de tous les ouvrages à succès, qui ont paru à la même époque; sous peine de n'appartenir à aucun temps, les auteurs sont obligés de se conformer à l'esprit du temps où ils vivent; dans cette carrière comme dans toutes les autres, c'est un grand bonheur que d'être né à propos.

Gresset avait une si prodigieuse facilité à jeter au moule le vers proverbe, qu'il lui est arrivé souvent de dire la même chose de trois manières différentes[1], et quelquefois dans la même scène. C'est battologie pour les critiques difficiles, et richesse pour le vulgaire.

Après *Ver-Vert*, Gresset avait quitté les jésuites; après *le Méchant*, il entre à l'Académie; dès lors sa carrière littéraire était remplie : ajoutons qu'il n'a probablement rien perdu à la quitter.

La place de Gresset n'est pas au premier rang de la

---

[1] Les sots sont ici-bas pour nos menus plaisirs.
Le ridicule est fait pour notre amusement.
Tout ce qui vit n'est fait que pour nous réjouir.

littérature française; mais elle est assez belle encore; il sut être original dans un siècle où il n'y avait rien de plus rare que l'originalité; et Voltaire, seul a passé pour avoir plus d'esprit que lui, dans un siècle où il n'y avait rien de plus commun que l'esprit. *Ver-Vert, le Méchant, le Lutrin vivant, le Carême impromptu*, ne composent pas un gros bagage; mais on les sait par cœur. Honneur aux auteurs qu'on pourrait se dispenser de réimprimer, tant ils sont présents à la mémoire ! Toutefois on réimprime souvent Gresset; et si l'on fait sagement, on n'en réimprimera que cela.

Il y a certainement de l'esprit, de la facilité, de l'élégance, dans *le Parrain magnifique*; il y en aurait dans *le Gazetin*, si *le Gazetin*, s'était retrouvé. Un écrivain d'un esprit élégant et facile porte ces qualités partout : mais qu'est-ce d'ailleurs qu'un poëme sans invention, sans action, sans intérêt, dont tout l'agrément se réduit aux euphonies d'un verbiage sonore? Je ne regrette pas même les deux chants perdus de *Ver-Vert*, dont la mémoire de ses amis avait conservé quatre vers :

> L'une découpe un agnus en lozange,
> Ou fait la barbe à quelque bienheureux;
> L'autre bichonne une vierge aux yeux bleus
> Ou passe au fer le toupet d'un archange.

Tout le reste de l'ouvroir serait sur ce ton, que je ne le regretterais pas davantage. La fable de *Ver-Vert* est parfaitement conçue dans sa mesure; il y a déjà un peu de cette abondance qui caractérise l'auteur; mais cette abondance ne nuit point, parce qu'elle est bien entendue et qu'elle n'a rien d'excessif. Le vrai moyen de gâter *Ver-Vert*, c'était de l'allonger de deux chants et de lui enlever ce mérite de proportion qui fait le plus grand charme des petits ouvrages. Je ne sais ce que les libraires ont pu perdre à la suppression de ces deux chants parasites, mais je suis sûr que *Ver-Vert* et Gresset y ont beaucoup gagné.

La fin de la vie de Gresset fut sans éclat, mais elle ne fut pas sans douceur. Il aimait la campagne, la retraite, la vie domestique. Il était sensible et pieux; sa dévotion s'effraya du bruit passager que son talent avait fait; il prit plaisir à l'expier dans une obscurité profonde, où tout le monde l'aurait oublié, si la haine des philosophes pouvait oublier quelque chose. Voltaire le déchira dans des vers fort piquants que l'on a retenus, et dans des épîtres moins attiques, dont ses éditeurs n'ont pas fait tort à la postérité. Le pauvre Gresset y est traité de plat *fanatique*, de fat extravagant, et surtout de polisson : c'était l'euphémisme favori des muses de Ferney. Gresset ne répondit point à ces aménités de haut goût, il se contenta de prier pour la conversion du patriarche, et ne fut pas exaucé; mais cela n'est pas trop mal pour un polisson.

Les anathèmes de Voltaire ont longtemps porté malheur en France. Quand j'habitais Amiens, en 1810, je demandai à voir le tombeau de Gresset. On me montra une étable où des mains dédaigneuses avaient jeté son cercueil : il y est peut-être encore.

Ce qu'il y a de plus remarquable dans la destinée littéraire de Gresset, ce n'est pas d'avoir été cruellement outragé par Voltaire; il eut cela de commun avec Shakespeare, avec Jean-Baptiste Rousseau, avec Jean-Jacques, avec le président de Brosses, avec beaucoup d'autres qui ont conservé quelque renom dans le monde éclairé, c'est d'avoir été loué par Robespierre, qui concourut en 1785 pour le prix proposé par l'académie d'Amiens. J'engagerais volontiers l'éditeur des *OEuvres choisies* de Gresset à décorer son édition de cette pièce vraiment curieuse, si elle n'était pas détestable; et je me garderais bien de le dire si Robespierre vivait encore. Auprès de la polémique de celui-là, les grossièretés de Voltaire peuvent passer pour des madrigaux.

VER-VERT.

Chant Premier.

CHANT PREMIER.

Vous, près de qui les grâces solitaires
Brillent sans fard et règnent sans fierté;
Vous, dont l'esprit, né pour la vérité,
Sait allier à des vertus austères
Le goût, les ris, l'aimable liberté;
Puisqu'à vos yeux vous voulez que je trace
D'un noble oiseau la touchante disgrâce,
Soyez ma muse, échauffez mes accents,
Et prêtez-moi ces sons intéressants,
Ces tendres sons que forma votre lyre

Lorsque Sultane, au printemps de ses jours,
Fut enlevée à vos tristes amours,
Et descendit au ténébreux empire.
De mon héros les illustres malheurs
Peuvent aussi se promettre vos pleurs.
Sur sa vertu par le sort traversée,
Sur son voyage et ses longues erreurs,
On aurait pu faire une autre Odyssée,
Et par vingt chants endormir les lecteurs :
On aurait pu des fables surannées
Ressusciter les diables et les dieux ;
Des faits d'un mois occuper des années,
Et, sur des tons d'un sublime ennuyeux,
Psalmodier la cause infortunée
D'un perroquet non moins brillant qu'Énée,
Non moins dévôt, plus malheureux que lui.
Mais trop de vers entraînent trop d'ennui.
Les muses sont des abeilles volages ;
Leur goût voltige, il fuit les longs ouvrages,
Et, ne prenant que la fleur du sujet,
Vole bientôt sur un nouvel objet.
Dans vos leçons j'ai puisé ces maximes :
Puissent vos lois se lire dans mes rimes !
Si, trop sincère, en traçant ces portraits

CHANT I.

J'ai dévoilé les mystères secrets,
L'art des parloirs, la science des grilles,
Les graves riens, les mystiques vétilles,
Votre enjouement me passera ces traits;
Votre raison, exempte de faiblesses,
Sait vous sauver ces fades petitesses.
Sur votre esprit, soumis au seul devoir,
L'illusion n'eut jamais de pouvoir :
Vous savez trop qu'un front que l'art déguise
Plaît moins au ciel qu'une aimable franchise.
Si la vertu se montrait aux mortels,
Ce ne serait ni par l'art des grimaces,
Ni sous des traits farouches et cruels,
Mais sous votre air ou sous celui des Grâces,
Qu'elle viendrait mériter nos autels.

Dans maint auteur de science profonde
J'ai lu qu'on perd à trop courir le monde;
Très-rarement en devient-on meilleur :
Un sort errant ne conduit qu'à l'erreur.
Il nous vaut mieux vivre au sein de nos lares,
Et conserver, paisibles casaniers,
Notre vertu dans nos propres foyers,
Que parcourir bords lointains et barbares;

VER-VERT:

Sans quoi le cœur, victime des dangers,
Revient chargé des vices étrangers.
L'affreux destin du héros que je chante
En éternise une preuve touchante :
Tous les échos des parloirs de Nevers,
Si l'on en doute, attesteront mes vers.

Nevers donc, chez les Visitandines,
Vivait naguère un perroquet fameux,
A qui son art et son cœur généreux,
Ses vertus même, et ses grâces badines,
Auraient dû faire un sort moins rigoureux,
Si les bons cœurs étaient toujours heureux.
Ver-Vert (c'était le nom du personnage),
Transplanté là de l'indien rivage,
Fut, jeune encor, ne sachant rien de rien,
Au susdit cloître enfermé pour son bien.
Il était beau, brillant, leste et volage,
Aimable et franc comme on l'est au bel âge,

Né tendre et vif, mais encore innocent ;
Bref, digne oiseau d'une si sainte cage,
Par son caquet digne d'être au couvent.

Pas n'est besoin, je pense, de décrire
Les soins des sœurs, des nonnes, c'est tout dire ;
Et chaque mère, après son directeur,
N'aimait rien tant : même dans plus d'un cœur,
Ainsi l'écrit un chroniqueur sincère,
Souvent l'oiseau l'emporta sur le père.
Il partageait, dans ce paisible lieu,
Tous les sirops dont le cher père en Dieu,
Grâce aux bienfaits des nonnettes sucrées,
Réconfortait ses entrailles sacrées.
Objet permis à leur oisif amour,
Ver-Vert était l'âme de ce séjour :
Exceptez-en quelques vieilles dolentes,
Des jeunes cœurs jalouses surveillantes,
Il était cher à toute la maison.
N'étant encor dans l'âge de raison,
Libre il pouvait et tout dire et tout faire,
Il était sûr de charmer et de plaire.
Des bonnes sœurs égayant les travaux,
Il béquetait et guimpes et bandeaux.

Il n'était point d'agréable partie
S'il n'y venait briller, caracoler,
Papillonner, siffler, rossignoler :
Il badinait, mais avec modestie,
Avec cet air timide et tout prudent
Qu'une novice a même en badinant :
Par plusieurs voix interrogé sans cesse,
Il répondait à tout avec justesse;
Tel autrefois César en même temps
Dictait à quatre en styles différents.

Admis partout, si l'on en croit l'histoire,
L'amant chéri mangeait au réfectoire :
Là tout s'offrait à ses friands désirs;
Outre qu'encor pour ses menus plaisirs,
Pour occuper son ventre infatigable,
Pendant le temps qu'il passait hors de table,
Mille bonbons, mille exquises douceurs,
Chargeaient toujours les poches de nos sœurs.
Les petits soins, les attentions fines,
Sont nés, dit-on, chez les Visitandines;
L'heureux Ver-Vert l'éprouvait chaque jour :
Plus mitonné qu'un perroquet de cour,
Tout s'occupait du beau pensionnaire;

CHANT I.

Ses jours coulaient dans un noble loisir.

Au grand dortoir il couchait d'ordinaire :
Là de cellule il avait à choisir ;
Heureuse encor, trop heureuse la mère
Dont il daignait, au retour de la nuit,
Par sa présence honorer le réduit !
Très-rarement les antiques discrètes
Logeaient l'oiseau ; des novices proprettes
L'alcôve simple était plus de son goût :
Car remarquez qu'il était propre en tout.
Quand chaque soir le jeune anachorète
Avait fixé sa nocturne retraite,
Jusqu'au lever de l'astre de Vénus
Il reposait sur la boîte aux agnus.
A son réveil, de la fraîche nonnette,
Libre témoin, il voyait la toilette.
Je dis toilette, et je le dis tout bas :
Oui, quelque part j'ai lu qu'il ne faut pas
Aux fronts voilés des miroirs moins fidèles
Qu'aux fronts ornés de pompons et dentelles.
Ainsi qu'il est pour le monde et les cours
Un art, un goût de modes et d'atours,
Il est aussi des modes pour le voile ;

Il est un art de donner d'heureux tours
A l'étamine, à la plus simple toile;
Souvent l'essaim des folâtres amours,
Essaim qui sait franchir grilles et tours,
Donne aux bandeaux une grâce piquante,
Un air galant à la guimpe flottante;
Enfin, avant de paraître au parloir,
On doit au moins deux coups d'œil au miroir,
Ceci soit dit entre nous en silence.
Sans autre écart revenons au héros.

Dans ce séjour de l'oisive indolence,
Vert-Vert vivait sans ennui, sans travaux;
Dans tous les cœurs il régnait sans partage.
Pour lui sœur Thècle oubliait les moineaux :
Quatre serins en étaient morts de rage;
Et deux matous, autrefois en faveur,
Dépérissaient d'envie et de langueur.

Qui l'aurait dit, en ces jours plein de charmes,
Qu'en pure perte on cultivait ses mœurs;
Qu'un temps viendrait, temps de crime et d'alarmes,
Où ce Vert-Vert, tendre idole des cœurs,
Ne serait plus qu'un triste objet d'horreurs!

CHANT I.

Arrête, muse, et retarde les larmes
Que doit coûter l'aspect de ses malheurs,
Fruit trop amer des égards de nos sœurs.

VER-VERT.

Chant Deuxième.

CHANT II.

On juge bien qu'étant à telle école
Point ne manquait du don de la parole
L'oiseau disert; hormis dans les repas,
Tel qu'une nonne, il ne déparlait pas :
Bien est-il vrai qu'il parlait comme un livre,
Toujours d'un ton confit en savoir-vivre.
Il n'était point de ces fiers perroquets
Que l'air du siècle a rendus trop coquets,
Et qui sifflés, par des bouches mondaines,
N'ignorent rien des vanités humaines.

VER-VERT.

Ver-Vert était un perroquet dévot,
Une belle âme innocemment guidée;
Jamais du mal il n'avait eu l'idée,
Ne disait onc un immodeste mot :
Mais en revanche il savait des cantiques,
Des *oremus*, des colloques mystiques;
Il disait bien son *benedicite*,
Et *notre mère*, et *votre charité*,
Il savait même un peu de soliloque,
Et des traits fins de Marie Alacoque :
Il avait eu dans ce docte manoir
Tous les secours qui mènent au savoir.
Il était là maintes filles savantes
Qui mot pour mot portaient dans leurs cerveaux
Tous les noëls anciens et nouveaux.
Instruit, formé par leurs leçons fréquentes,
Bientôt l'élève égala ses régentes;
De leur ton même adroit imitateur,
Il exprimait la pieuse lenteur,
Les saints soupirs, les notes languissantes
Du chant des sœurs, colombes gémissantes :
Finalement Ver-Vert savait par cœur
Tout ce que sait une mère de chœur.

CHANT II.

Trop resserré dans les bornes d'un cloître,
Un tel mérite au loin se fit connoître;
Dans tout Nevers, du matin jusqu'au soir,
Il n'était bruit que des scènes mignonnes
Du perroquet des bienheureuses nonnes;
De Moulins même on venait pour le voir.
Le beau Ver-Vert ne bougeait du parloir.
Sœur Mélanie, en guimpe toujours fine,
Portait l'oiseau : d'abord aux spectateurs
Elle en faisait admirer les couleurs,
Les agréments, la douceur enfantine;
Son air heureux ne manquait point les cœurs;
Mais la beauté du tendre néophyte
N'était encor que le moindre mérite;
On oubliait ces attraits enchanteurs
Dès que sa voix frappait les auditeurs.
Orné, rempli de saintes gentillesses
Que lui dictaient les plus jeunes professes,
L'illustre oiseau commençait son récit;
A chaque instant de nouvelles finesses,
Des charmes neufs variaient son débit.
Éloge unique et difficile à croire
Pour tout parleur qui dit publiquement,
Nul ne dormait dans tout son auditoire :

Quel orateur en pourrait dire autant?
On l'écoutait, on vantait sa mémoire :
Lui cependant, stylé parfaitement,
Bien convaincu du néant de la gloire,
Se rengorgeait toujours dévotement,
Et triomphait toujours modestement.
Quand il avait débité sa science,
Serrant le bec, et parlant en cadence,
Il s'inclinait d'un air sanctifié,
Et laissait là son monde édifié.
Il n'avait dit que des phrases gentilles,
Que des douceurs, excepté quelques mots
De médisance, et tels propos de filles,
Que par hasard il apprenait aux grilles,
Ou que nos sœurs traitaient dans leur enclos.

Ainsi vivait dans ce nid délectable,
En maître, en saint, en sage véritable,
Père Ver-Vert, cher à plus d'une Hébé,
Gras comme un moine, et non moins vénérable,
Beau comme un cœur, savant comme un abbé,
Toujours aimé, comme toujours aimable,
Civilisé, musqué, pincé, rangé ;
Heureux enfin s'il n'eût pas voyagé.

CHANT II.

Mais vint ce temps d'affligeante mémoire,
Ce temps critique où s'éclipse sa gloire.
O crime! ô honte! ô cruel souvenir!
Fatal voyage! aux yeux de l'avenir
Que ne peut-on en dérober l'histoire!
Ah! qu'un grand nom est un bien dangereux!
Un sort caché fut toujours plus heureux.
Sur cet exemple on peut ici m'en croire;
Trop de talents, trop de succès flatteurs,
Traînent souvent la ruine des mœurs.

Ton nom, Ver-Vert, tes prouesses brillantes,
Ne furent point bornés à ces climats;
La renommée annonça tes appas,
Et vint porter ta gloire jusqu'à Nantes.
Là, comme on sait, la Visitation
A son bercail de révérendes mères,
Qui, comme ailleurs, dans cette nation
A tout savoir ne sont pas les dernières,
Par quoi, bientôt, apprenant des premières
Ce qu'on disait du perroquet vanté,
Désir leur vint d'en voir la vérité.
Désir de fille est un feu qui dévore,
Désir de nonne est cent fois pire encore.

Déjà les cœurs s'envolent à Nevers;
Voilà d'abord vingt têtes à l'envers
Pour un oiseau. L'on écrit tout à l'heure
En Nivernois à la supérieure,
Pour la prier que l'oiseau plein d'attraits
Soit pour un temps amené par la Loire;
Et que, conduit au rivage nantais,
Lui-même il puisse y jouir de sa gloire,
Et se prêter à de tendres souhaits.

La lettre part. Quand viendra la réponse?
Dans douze jours. Quel siècle jusque-là !
Lettre sur lettre, et nouvelle semonce :
On ne dort plus; sœur Cécile en mourra.

Or à Nevers arrive enfin l'épître.
Grave sujet : on tient le grand chapitre;
Telle requête effarouche d'abord.
Perdre Ver-Vert ! ô ciel ! plutôt la mort !
Dans ces tombeaux, sous ces tours isolées,
Que ferons-nous si ce cher oiseau sort?
Ainsi parlaient les plus jeunes voilées,

Dont le cœur vif, et las de son loisir,

S'ouvrait encore à l'innocent plaisir :
Et, dans le vrai, c'était la moindre chose
Que cette troupe, étroitement enclose,
A qui d'ailleurs tout autre oiseau manquait,
Eût pour le moins un pauvre perroquet.
L'avis pourtant des mères assistantes,
De ce sénat antiques présidentes,
Dont le vieux cœur aimait moins vivement,
Fut d'envoyer le pupille charmant
Pour quinze jours; car, en têtes prudentes,
Elles craignaient qu'un refus obstiné
Ne les brouillât avec nos sœurs de Nantes :
Ainsi jugea l'état embéguiné.

Après ce bill des myladys de l'ordre
Dans la commune arrive grand désordre :
Quel sacrifice! y peut-on consentir?
Est-il donc vrai? dit la sœur Séraphine.
Quoi! nous vivons, et Ver-Vert va partir!
D'une autre part la mère sacristine
Trois fois pâlit, soupire quatre fois.
Pleure, frémit, se pâme, perd la voix.
Tout est en deuil. Je ne sais quel présage
D'un noir crayon leur trace ce voyage;

Pendant la nuit des songes pleins d'horreur
Du jour encor redoublent la terreur.
Trop vains regrets! l'instant funeste arrive :
Jà tout est prêt sur la fatale rive;
Il faut enfin se résoudre aux adieux,
Et commencer une absence cruelle :
Jà chaque sœur gémit en tourterelle,
Et plaint d'avance un veuvage ennuyeux.
Que de baisers au sortir de ces lieux
Reçut Ver-Vert! Quelles tendres alarmes!
On se l'arrache, on le baigne de larmes;
Plus il est près de quitter ce séjour,
Plus on lui trouve et d'esprit et de charmes.
Enfin pourtant il a passé le tour :
Du monastère avec lui fuit l'amour.
Pars, va, mon fils, vole où l'honneur t'appelle;
Reviens charmant, reviens toujours fidèle;
Que les zéphyrs te portent sur les flots,
Tandis qu'ici dans un triste repos
Je languirai, forcément exilée,
Sombre, inconnue, et jamais consolée :
Pars, cher Ver-Vert, et dans ton heureux cours,
Sois pris partout pour l'aîné des Amours.
Tel fut l'adieu d'une nonnain poupine,

Qui pour distraire et charmer sa langueur,
Entre deux draps avait à la sourdine
Très-souvent fait l'oraison dans Racine,
Et qui, sans doute, aurait de très-grand cœur
Loin du couvent suivi l'oiseau parleur.

Mais c'en est fait, on embarque le drôle,
Jusqu'à présent vertueux, ingénu,
Jusqu'à présent modeste en sa parole :
Puisse son cœur, constamment défendu,
Au cloître un jour rapporter sa vertu !
Quoi qu'il en soit, déjà la rame vole ;
Du bruit des eaux les airs ont retenti ;
Un bon vent souffle, on part, on est parti.

VER-VERT.

Chant Troisième.

Nevers. 1700 à 1720.

CHANT III.

La même nef, légère et vagabonde,
Qui voiturait le saint oiseau sur l'onde,
Portait aussi deux nymphes, trois dragons,
Une nourrice, un moine, deux Gascons :
Pour un enfant qui sort du monastère
C'était échoir en dignes compagnons !
Aussi Ver-Vert, ignorant leurs façons,
Se trouva là comme en terre étrangère :
Nouvelle langue et nouvelles leçons.
L'oiseau surpris n'entendait point leur style ;

Ce n'était plus paroles d'Évangile ;
Ce n'était plus ces pieux entretiens,
Ces traits de Bible et d'oraisons mentales,
Qu'il entendait chez nos douces vestales ;
Mais de gros mots, et non des plus chrétiens :
Car les dragons, race assez peu dévote,
Ne parlaient là que langue de gargote ;
Charmant au mieux les ennuis du chemin,
Ils ne fêtaient que le patron du vin :
Puis les Gascons et les trois péronnelles
Y concertaient sur des tons de ruelles :
De leur côté, les bateliers juraient,
Rimaient en dieu, blasphémaient, et sacraient :
Leur voix, stylée aux tons mâles et fermes,
Articulait sans rien perdre des termes.
Dans le fracas, confus, embarrassé,
Ver-Vert gardait un silence forcé ;
Triste, timide, il n'osait se produire,
Et ne savait que penser et que dire.

Pendant la route on voulut par faveur
Faire causer le perroquet rêveur.
Frère Lubin d'un ton peu monastique
Interrogea le beau mélancolique :

L'oiseau benin prend son air de douceur,
Et, vous poussant un soupir méthodique,
D'un ton pédant répond, *Ave, ma sœur.*
A cet *Ave* jugez si l'on dut rire;
Tous en *chorus* bernent le pauvre sire.
Ainsi berné le novice interdit
Comprit en soi qu'il n'avait pas bien dit,
Et qu'il serait mal mené des commères
S'il ne parlait la langue des confrères :
Son cœur, né fier, et qui jusqu'à ce temps
Avait été nourri d'un doux encens,
Ne put garder sa modeste constance
Dans cet assaut de mépris flétrissants.
A cet instant, en perdant patience,
Ver-Vert perdit sa première innocence.
Dès lors ingrat, en soi-même il maudit
Les chères sœurs, ses premières maîtresses,
Qui n'avaient pas su mettre en son esprit
Du beau français les brillantes finesses,
Les sons nerveux et les délicatesses.
A les apprendre il met donc tous ses soins,
Parlant très-peu, mais n'en pensant pas moins.
D'abord l'oiseau, comme il n'était pas bête,
Pour faire place à de nouveaux discours,

Vit qu'il devait oublier pour toujours
Tous les gaudés qui farcissaient sa tête :
Ils furent tous oubliés en deux jours ;
Tant il trouva la langue à la dragonne
Plus du bel air que les termes de nonne !
En moins de rien l'éloquent animal,
(Hélas! jeunesse apprend trop bien le mal!)
L'animal, dis-je, éloquent et docile,
En moins de rien fut rudement habile :
Bien vite il sut jurer et maugréer
Mieux qu'un vieux diable au fond d'un bénitier :
Il démentit les célèbres maximes
Où nous lisons qu'on ne vient aux grands crimes
Que par degrés ; il fut un scélérat
Profès d'abord, et sans noviciat.
Trop bien sut-il graver en sa mémoire
Tout l'alphabet des bateliers de Loire ;
Dès qu'un d'iceux, dans quelque vertigo,
Lâchait un mor... Ver-Vert faisait l'écho :
Lors applaudi par la bande susdite,
Fier et content de son petit mérite,
Il n'aima plus que le honteux honneur
De savoir plaire au monde suborneur ;
Et, dégradant son généreux organe,

CHANT III.

Il ne fut plus qu'un orateur profane.
Faut-il qu'ainsi l'exemple séducteur
Du ciel au diable emporte un jeune cœur!

Pendant ces jours, durant ces tristes scènes,
Que faisiez-vous dans vos cloîtres déserts,
Chastes Iris du couvent de Nevers?
Sans doute, hélas! vous faisiez des neuvaines
Pour le retour du plus grand des ingrats,
Pour un volage indigne de vos peines,
Et qui, soumis à de nouvelles chaînes,
De vos amours ne faisait plus de cas.
Sans doute alors l'accès du monastère
Était d'ennuis tristement obsédé;
La grille était dans un deuil solitaire,
Et le silence était presque gardé.
Cessez vos vœux : Ver-Vert n'en est plus digne;
Ver-Vert n'est plus cet oiseau révérend,
Ce perroquet d'une humeur si benigne,
Ce cœur si pur, cet esprit si fervent :
Vous le dirai-je? il n'est plus qu'un brigand,
Lâche apostat, blasphémateur insigne.
Les vents légers et les nymphes des eaux
Ont moissonné le fruit de vos travaux.

Ne vantez point sa science infinie ;
Sans la vertu que vaut un grand génie ?
N'y pensez plus : l'infâme a sans pudeur
Prostitué ses talents et son cœur.

Déjà pourtant on approche de Nantes,
Où languissaient nos sœurs impatientes ;
Pour leurs désirs le jour trop tard naissait,
Des cieux trop tard le jour disparaissait.
De ces ennuis, l'espérance flatteuse,
A nous tromper toujours ingénieuse,
Leur promettait un esprit cultivé,
Un perroquet noblement élevé,
Une voix tendre, honnête, édifiante,
Des sentiments, un mérite achevé :
Mais, ô douleur! ô vaine et fausse attente!

La nef arrive, et l'équipage en sort.
Une tourière était assise au port :
Dès le départ de la première lettre
Là chaque jour elle venait se mettre ;
Ses yeux, errant sur le lointain des flots,
Semblaient hâter le vaisseau du héros.
En débarquant auprès de la béguine,

CHANT III.

L'oiseau madré la connut à la mine,
A son œil prude ouvert en tapinois,
A sa grand' coiffe, à sa fine étamine,
A ses gants blancs, à sa mourante voix,
Et mieux encore à sa petite croix.
Il en frémit, et même il est croyable
Qu'en militaire il la donnait au diable ;
Trop mieux aimant suivre quelque dragon
Dont il savait le bachique jargon,
Qu'aller apprendre encor les litanies,
La révérence, et les cérémonies.
Mais force fut au grivois dépité
D'être conduit au gîte détesté.
Malgré ses cris, la tourière l'emporte :
Il la mordait, dit-on, de bonne sorte,
Chemin faisant ; les uns disent au cou,
D'autres au bras ; on ne sait pas bien où :
D'ailleurs, qu'importe? à la fin, non sans peine,
Dans le couvent la béate l'emmène ;
Elle l'annonce. Avec grande rumeur
Le bruit en court. Aux premières nouvelles
La cloche sonne : on était lors au chœur :
On quitte tout, on court, on a des ailes :
« C'est lui, ma sœur, il est au grand parloir ! »

On vole en foule, on grille de le voir;
Les vieilles même, au marcher symétrique,
Des ans tardifs ont oublié le poids :
Tout rajeunit; et la mère Angélique
Courut alors pour la première fois.

VER-VERT.

Chant Quatrième.

Nantes, 1700 à 1720.

CHANT Ier.

On voit enfin, on ne peut se repaître
Assez les yeux des beautés de l'oiseau :
C'était raison, car le fripon, pour être
Moins bon garçon, n'en était pas moins beau ;
Cet œil guerrier et cet air petit-maître
Lui prêtaient même un agrément nouveau.
Faut-il, grand dieu ! que sur le front d'un traitre
Brillent ainsi les plus tendres attraits !
Que ne peut-on distinguer et connaître
Les cœurs pervers à de difformes traits !

Pour admirer les charmes qu'il rassemble
Toutes les sœurs parlent toutes ensemble :
En entendant cet essaim bourdonner
On eût à peine entendu Dieu tonner.
Lui cependant, parmi tout ce vacarme,
Sans daigner dire un mot de piété,
Roulait les yeux d'un air de jeune carme.
Premier grief : cet air trop effronté
Fut un scandale à la communauté.
En second lieu, quand la mère prieure
D'un air auguste, en fille intérieure,
Voulut parler à l'oiseau libertin ;
Pour premiers mots, et pour toute réponse,
Nonchalemment et d'un air de dédain,
Sans bien songer aux horreurs qu'il prononce,
Mon gars répond avec un ton faquin :
« Par la corbleu ! que les nonnes sont folles ! »
L'histoire dit qu'il avait en chemin
D'un de la troupe entendu ces paroles.
A ce début la sœur Saint-Augustin,
D'un air sucré, voulant le faire taire
En lui disant : Fi donc, mon très-cher frère !
Le très-cher frère, indocile et mutin,
Vous la rima très-richement en tain.

CHANT IV.

Vive Jésus ! il est sorcier, ma mère !
Reprend la sœur. Juste Dieu ! quel coquin !
Quoi ! c'est donc là ce perroquet divin ?
Ici Ver-Vert, en vrai gibier de Grève,
L'apostropha d'un *La peste te crève !*
Chacune vint pour brider le caquet
Du grenadier, chacune eut son paquet :
Turlupinant les jeunes précieuses,
Il imitait leur courroux babillard ;
Plus déchaîné sur les vieilles grondeuses,
Il bafouait leur sermon nasillard.

Ce fut bien pis quand, d'un ton de corsaire,
Las, excédé de leurs fades propos,
Bouffi de rage, écumant de colère,
Il entonna tous les horribles mots
Qu'il avait su rapporter des bâteaux,
Jurant, sacrant d'une voix dissolue,
Faisant passer tout l'enfer en revue ;
Les B, les F, voltigeaient sur son bec.
Les jeunes sœurs crurent qu'il parlait grec.
« Jour de Dieu !... mor !... mille pipes de diables ! »
Toute la grille, à ces mots effroyables,
Tremble d'horreur : les nonnettes sans voix

Font, en fuyant, mille signes de croix :
Toutes, pensant être à la fin du monde,
Courent en poste aux caves du couvent ;
Et sur son nez la mère Cunégonde
Se laissant choir, perd sa dernière dent.
Ouvrant à peine un sépulcral organe :
Père éternelle ! dit la sœur Bibiane,
Miséricorde ! ah ! qui nous a donné
Cet antechrist, ce démon incarné ?
Mon doux Sauveur ! en quelle conscience
Peut-il ainsi jurer comme un damné ?
Est-ce donc là l'esprit et la science
De ce Ver-Vert si chéri, si prôné ?
Qu'il soit banni ! qu'il soit remis en route !
O Dieu d'amour ! reprend la sœur Écoute,
Quelles horreurs ! chez nos sœurs de Nevers,
Quoi ! parle-t-on ce langage pervers ?
Quoi ! c'est ainsi qu'on forme la jeunesse !
Quel hérétique ! ô divine sagesse !
Qu'il n'entre point ! avec ce Lucifer
En garnison nous aurions tout l'enfer.

Conclusion, Ver-Vert est mis en cage :
On se résout, sans tarder davantage,

A renvoyer le parleur scandaleux.
Le pèlerin ne demandait pas mieux.
Il est proscrit, déclaré détestable,
Abominable, atteint et convaincu
D'avoir tenté d'entamer la vertu
Des saintes sœurs. Toutes de l'exécrable
Signent l'arrêt, en pleurant le coupable;
Car quel malheur qu'il fût si dépravé,
N'étant encor qu'à la fleur de son âge,
Et qu'il portât, sous un si beau plumage,
La fière humeur d'un escroc achevé,
L'air d'un païen, le cœur d'un réprouvé!

Il part enfin, porté par la tourière,
Mais sans la mordre en retournant au port :
Une cabane emporte le compère,
Et sans regret il fuit ce triste bord.

De ses malheurs telle fut l'Iliade.
Quel désespoir, lorsqu'enfin de retour
Il vint donner pareille sérénade,
Pareil scandale en son premier séjour!
Que résoudront nos sœurs inconsolables?
Les yeux en pleurs, les sens d'horreur troublés,

En manteaux longs, en voiles redoublés,
Au discrétoire entrent neuf vénérables :
Figurez-vous neuf siècles assemblés.
Là, sans espoir d'aucun heureux suffrage,
Privé des sœurs qui plaideraient pour lui,
En plein parquet enchaîné dans sa cage,
Ver-Vert paraît sans gloire et sans appui.
On est aux voix : déjà deux des sibylles
En billets noirs ont crayonné sa mort ;
Deux autres sœurs, un peu moins imbéciles,
Veulent qu'en proie à son malheureux sort
On le renvoie au rivage profane
Qui le vit naître avec le noir brachmane ;
Mais de concert les cinq dernières voix
Du châtiment déterminent le choix :
On le condamne à deux mois d'abstinence,
Trois de retraite, et quatre de silence ;
Jardin, toilette, alcôves et biscuit,
Pendant ce temps lui seront interdits.
Ce n'est point tout : pour comble de misère,
On lui choisit pour garde, pour geôlière,
Pour entretien, l'Alecton du couvent,
Une converse, infante douairière,
Singe voilé, squelette octogénaire,

CHANT IV.

Spectacle fait pour l'œil d'un pénitent.
Malgré les soins de l'Argus inflexible,
Dans leurs loisirs souvent d'aimables sœurs,
Venant le plaindre avec un air sensible,
De son exil suspendaient les rigueurs.
Sœur Rosalie, au retour de matines,
Plus d'une fois lui porta des pralines;
Mais, dans les fers, loin d'un libre destin,
Tous les bonbons ne sont que chicotin.

Couvert de honte, instruit par l'infortune,
Ou las de voir sa compagne importune,
L'oiseau contrit se reconnut enfin :
Il oublia les dragons et le moine,
Et, pleinement remis à l'unisson
Avec nos sœurs, pour l'air et pour le ton,
Il redevint plus dévot qu'un chanoine.
Quand on fut sûr de sa conversion,
Le vieux divan, désarmant sa vengeance,
De l'exilé borna la pénitence.

De son rappel, sans doute, l'heureux jour
Va pour ces lieux être un jour d'allégresse;
Tous ses instants, donnés à la tendresse,

Seront filés par la main de l'amour.
Que dis-je? hélas! ô plaisirs infidèles!
O vains attraits de délices mortelles!
Tous les dortoirs étaient jonchés de fleurs ;
Café parfait, chansons, course légère,
Tumulte aimable et liberté plénière ;
Tout exprimait de charmantes ardeurs,
Rien n'annonçait de prochaines douleurs :
Mais, de nos sœurs ô largesse indiscrète !
Du sein des maux d'une longue diète
Passant trop tôt dans des flots de douceurs,
Bourré de sucre et brûlé de liqueurs,
Ver-Vert tombant sur un tas de dragées,
En noirs cyprès vit ses roses changées.
En vain les sœurs tâchaient de retenir
Son âme errante et son dernier soupir ;
Ce doux excès hâtant sa destinée,
Du tendre amour victime fortunée,
Il expira dans le sein du plaisir.
On admirait ses paroles dernières.
Vénus enfin, lui fermant les paupières,
Dans l'Élysée et les sacrés bosquets
Le mène au rang des héros perroquets,
Près de celui dont l'amant de Corine

CHANT IV.

A pleuré l'ombre et chanté la doctrine.
Qui peut narrer combien l'illustre mort
Fut regretté ! la sœur dépositaire
En composa la lettre circulaire
D'où j'ai tiré l'histoire de son sort.
Pour le garder à la race future,
Son portrait fut tiré d'après nature.
Plus d'une main, conduite par l'amour,
Sut lui donner une seconde vie
Par les couleurs et par la broderie;
Et la Douleur, travaillant à son tour,
Peignit, broda des larmes alentour.
On lui rendit tous les honneurs funèbres
Que l'Hélicon rend aux oiseaux célèbres.
Au pied d'un myrte on plaça le tombeau
Qui couvre encor le Mausole nouveau :
Là, par la main des tendres Artémises,
En lettres d'or ces rimes furent mises
Sur un porphyre environné de fleurs :
En les lisant on sent naître ses pleurs :

« Novices, qui venez causer dans ces bocages
   » A l'insu de nos graves sœurs,
» Un instant, s'il se peut, suspendez vos ramages;

» Apprenez nos malheurs.
» Vous vous taisez : si c'est trop vous contraindre,
» Parlez, mais parlez pour nous plaindre ;
» Un mot vous instruira de nos tendres douleurs :
» Ci gît Ver-Vert, ci gisent tous les cœurs. »

On dit pourtant (pour terminer ma glose
En peu de mots) que l'ombre de l'oiseau
Ne loge plus dans le susdit tombeau ;
Que son esprit dans les nonnes repose,
Et qu'en tous temps par la métempsycose,
De sœurs en sœurs l'immortel perroquet
Transportera son âme et son caquet.

LE
CARÊME IMPROMPTU.

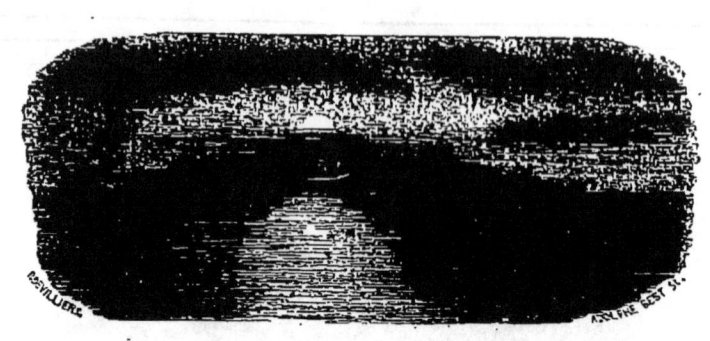

𝕾ous un ciel toujours rigoureux,
Au sein des flots impétueux,
Non loin de l'armorique plage,
Il est une île, affreux rivage,
Habitacle marécageux,
Moitié peuplé, moitié sauvage,
Dont les habitants malheureux,
Séparés du reste du monde,
Semblent ne connaître que l'onde
Et n'être connus que des cieux.

LE CARÊME IMPROMPTU.

Des nouvelles de la nature
Viennent rarement sur ces bords;
On n'y sait que par aventure,
Et par de très-tardifs rapports,
Ce qui se passe sur la terre,
Qui fait la paix, qui fait la guerre,
Qui sont les vivants et les morts.

De cette étrange résidence
Le curé, sans trop d'embarras,
Enseveli dans l'indolence
D'une héréditaire ignorance,
Vit de baptême et de trépas,
Et d'offices qu'il n'entend pas;
Parmi les notables de l'île
Il est regardé comme habile
Quand il peut dire quelquefois
Le mois de l'an, le jour du mois.
On va penser que j'exagère,
Et que j'outre le caractère :
« Quelle apparence? dira-t-on :
» Quelle île assez abandonnée
» Ignore le temps de l'année?
» Non, ce trait ne peut être bon

» Que dans une île imaginée
» Par le fabuleux Robinson. »
De grâce, censeur incrédule,
Ne jugez point sur ce soupçon.
Un fait narré sans fiction
Va vous enlever ce scrupule :
Il porte la conviction ;
Je n'y mettrai que la façon.

Le curé de l'île susdite,
Vieux papa, bon Israélite,
(N'importe quand advint le cas)
N'avait point avant les étrennes
Fait apporter de nos climats
De guide-ânes ni d'almanachs,
Pour le guider dans ses antiennes,
Et régler ses petits états.
Il reconnut sa négligence ;
Mais trop tard vint la prévoyance.

La saison ne permettait pas
De faire voile vers la France :
Abandonnée aux noirs frimas
La mer n'était plus praticable,

Et l'on n'espérait les bons vents
Qui rendent l'onde navigable,
Et le continent abordable,
Qu'à la naissance du printemps.

Pendant ces trois mois de tempête
Que faire sans calendrier?
Comment placer les jours de fête?
Comment les différencier?
Dans une pareille méprise
Quelque autre curé plus savant
N'aurait pu régir son église,
Et peut-être dévotement,
Bravant les fougues de la bise,
Se serait livré sans remise
Aux périls du moite élément ;
Mais, pour une telle imprudence,
Doué d'un trop bon jugement,
Notre bon prêtre assurément
Chérissait trop son existence.
C'était d'ailleurs un vieux routier,
Qui, s'étant fait une habitude
Des fonctions de son métier,
Officiait sans trop d'étude,

LE CARÊME IMPROMPTU.

Et qui, dans sa décrépitude,
Dégoisait psaumes et leçons
Sans y faire tant de façons.
Prenant donc son parti sans peine,
Il annonce le premier mois,
Et recommande par trois fois
A son assistance chrétienne
De ne point finir la semaine
Sans chômer la fête des rois.
Ces premiers points étaient faciles ;
Il ne trouva de l'embarras
Qu'en pensant qu'il ne saurait pas
Où ranger les fêtes mobiles.
Qu'y faire enfin ? Peu scrupuleux,
Il décida, ne pouvant mieux,
Que ces fêtes, comme ignorées,
Ne seraient chez lui célébrées
Que quand, au retour du zéphir,
Lui-même il aurait pu venir
Prendre langue dans nos contrées.
Il crut cet avis selon Dieu :
Ce fut celui de son vicaire,
De Javotte sa ménagère,
Et de son magister Matthieu,

La plus forte tête du lieu.

Ceci posé, janvier se passe,
Plus agile encor dans son cours,
Février fuit, mars le remplace,
Et l'aquilon régnait toujours :
Du printemps avec patience
Attendant le prochain retour,
Et sur l'annuelle abstinence
Prétendant, cause d'ignorance,
Ou, bonnement et sans détour,
Par faute de réminiscence,
Notre vieux curé chaque jour
Se mettait sur la conscience
Un chapon de sa basse-cour.
Cependant, poursuit la chronique,
Le carême depuis un mois
Sur tout l'univers catholique
Étendait ses austères lois ;
L'île seule, grace au bonhomme,
A l'abri des statuts de Rome,
Voyait ses libres habitants
Vivre en gras pendant tout ce temps.
De vrai, ce n'était fine chère ;

Mais cependant chaque insulaire
Mi-paysan et mi-bourgeois,
Pouvait parer son ordinaire
D'un fin lard flanqué de vieux pois.
A l'exemple du presbytère,
Tous, dans cette erreur salutaire,
Soupaient pour nous d'un cœur joyeux,
Tandis que nous jeûnions pour eux.

Enfin pourtant le froid Borée
Quitta l'onde plus tempérée.
Voyant qu'il était plus que temps
D'instruire nos impénitents,
Le diable, content de lui-même,
Ne retarda plus le printemps :
C'était lui qui, par stratagème,
Leur rendant contraire tout vent,
Avait voulu, chemin faisant,
Leur escamoter un carême,
Pour se divertir en passant.
Le calme rétabli sur l'onde,
Mon curé, selon son serment,
Pour voir comment allait le monde,
S'embarque sans retardement,

LE CARÊME IMPROMPTU.

S'étant bien lesté la bedaine
De quatre tranches de jambon :
Fait digne de réflexion ;
Car de la sainte quarantaine
Déjà la cinquième semaine
Venait de commencer son cours.
Il vient ; il trouve avec surprise
Que dans l'empire de l'église
Pâque revenait dans dix jours :
« Dieu soit loué ! prenons courage,
« Dit-il, enfonçant son castor ;
« Grâce au Seigneur, notre voyage
« Se trouve fait à temps encor
« Pour pouvoir, dans mon ermitage,
« Fêter Pâque selon l'usage. »
Content, il rentre sur son bord,
Après avoir fait ses emplettes
Et d'almanachs et de lunettes.
Il part, il arrive à bon port
Dans ses solitaires retraites.
Le lendemain, jour des Rameaux,
Prônant avec un zèle extrême,
Il notifie à ses vassaux
La date de notre carême :

LE CARÊME IMPROMPTU.

« Mais, poursuit-il, j'ai mon système,
« Mes frères, nous n'y perdrons rien,
« Et nous le rattraperons bien :
« D'abord, avant notre abstinence,
« Pour garder l'usage ancien,
« Et bien remplir toute observance,
« Le Mardi-gras sera mardi ;
« Le jour des Cendres, mercredi ;
« Suivront trois jours de pénitence,
« Dans toute l'île on jeûnera ;
« Et dimanche, unis à l'église,
« Sans plus craindre aucune méprise,
« Nous chanterons l'*Alleluia.* »

LE
LUTRIN VIVANT.

A M. l'abbé de Segonzac.

De mes écrits aimable confident,
Cher Segonzac, ma muse solitaire,
De ses ennuis brisant la chaîne austère,
Viens près de toi retrouver l'enjouement.
Je m'en souviens, lorsqu'un sort plus charmant
Nous unissait sur les rives de Loire,
Aux champs heureux dont Tours est l'ornement,
Lieux toujours chers au dieu de l'agrément,

Je te promis qu'au temple de Mémoire
Je placerais le pupitre vivant
Dont je t'appris la naissance et la gloire.
Je l'ai promis : je remplis mon serment.
A dire vrai, cette moderne histoire
Est un peu folle, il en faut convenir.
Est-ce un défaut? non, si c'est un plaisir.
Dans les langueurs de la mélancolie,
Quoi! la sagesse est-elle de saison?
Un trait comique, une vive saillie,
Marqués au coin de l'aimable folie,
Consolent mieux qu'une froide oraison
Que prêche en vain l'ennuyeuse raison.
Quoi qu'il en soit, ma Minerve sévère
Adoucira ces grotesques portraits,
Et, les voilant d'une gaze légère,
Ne montrera que la moitié des traits.
Venons au fait : honni qui mal y pense!
Attention! j'ai toussé : je commence.

Non loin des bords du Cher et de l'Auron,
Dans un climat dont je tairai le nom,
Est un vieux bourg, dont l'église sans vitres
A pour clergé le plus gueux des chapitres :

Là ne sont point de ces mortels fleuris
Qui, dans les bras d'une heureuse indolence,
Exempts d'études et libres d'abstinence,
N'ont qu'à nourrir leur brillant coloris :
On ne voit là que pâles effigies
Qui du champagne onc ne furent rougies,
Que maigres clercs, chanoines avortons,
Sans rabats fins et sans triples mentons,
Contraints d'aller, traînant leurs faces blêmes,
A chaque office et de chanter eux-mêmes.
Ils ont pourtant, pour aider leur labeur,
Un chapelain, et quatre enfants de chœur ;
Ces jouvenceaux ont leur gîte ordinaire
Chez dame Barbe ; elle leur sert de mère
Et de soutien ; le public est leur père.

Il faut savoir, pour plus grande clarté,
Que dame Barbe est une octogénaire,
Un vétéran de la communauté,
Fille jadis, aujourd'hui douairière,
Qui dès seize ans, d'un siècle corrompu
Craignant l'écueil, pour mettre sa vertu
Mieux à couvert des mondains et des moines
Crut devoir vivre auprès d'un des chanoines :

LE LUTRIN VIVANT.

D'abord servante, ensuite adroitement
Elle parvint jusqu'au gouvernement.
Déjà trois fois elle a vu dans l'église
De père en fils chaque charge transmise.
Barbe, en un mot, au chapitre susdit
De race en race a gardé son crédit.
Or chez ladite arriva notre histoire
En juin dernier : l'aventure est notoire.

Par cas fortuit, l'enfant de chœur Lucas
Avait usé l'étui des Pays-Bas ;
Vous m'entendez : sa culotte trop mûre
Le trahissait par mainte découpure ;
Déjà la brèche, augmentant tous les jours,
Démantelait la place et les faubourgs.
Barbe le voit, s'attendrit ; mais que faire ?
Elle était pauvre, et l'étoffe était chère ;
D'une autre part, le chapitre était gueux ;
Et puis d'ailleurs le petit malheureux,
Ouvrage né d'un auteur anonyme,
Ne connaissant parents ni légitime,
N'avait en tout dans ce stérile lieu
Pour se chauffer que la grâce de Dieu ;
Il languissait dans une triste attente,

LE LUTRIN VIVANT.

Gardant la chambre, et rarement debout.
Enfin pourtant l'habile gouvernante
Sut lui forger une armure décente
A peu de frais et dans un nouveau goût :
Nécessité tire parti de tout ;
Nécessité d'industrie est la mère.

Chez Barbe était un vieux antiphonaire,
Vieux graduel, ample et poudreux bouquin,
Dont aux bons jours on parait le lutrin ;
D'épais lambeaux d'un parchemin gothique
Formaient le corps de ce grimoire antique ;
De ces feuillets, de la crasse endurcis,
L'âge avait fait une étoffe en glacis.
La vieille crut qu'on pouvait sans dommages
Du livre affreux détacher quelques pages :
Elle en prend quatre, et les coud proprement
Pour relier un volume vivant.
Mais le hasard voulut que l'ouvrière,
Très-peu savante en pareille matière,
Dans les feuillets qu'elle prit sans façon
Prit justement la messe du patron.
L'ouvrage fait, elle en coiffe à la diable
L'humanité du petit misérable ;

Par quoi Lucas, chamarré de plain-chant,
Ne craignait plus les insultes du vent.
Or cependant arrive la Saint-Brice,
Fête du lieu, fête du grand office :
Le maître-chantre, intendant du lutrin,
Vient au grand livre; il cherche, mais en vain;
A feuilleter il perd et temps et peine :
Il jure, il sacre, et s'imagine enfin
Qu'un chœur de rats a mangé les antiennes;
Mais par bonheur, dans ce triste embarras,
Ses yeux distraits rencontrent mon Lucas,
Qui, de grimauds renforçant une troupe,
Sans le savoir, portait l'office en croupe;
Le chantre lit, et retrouve au niveau
Tous ses versets sur ce livre nouveau :
Sur l'heure il fait son rapport au chapitre.
On délibère; on décide soudain
Que le marmot, braqué sur le pupitre,
Y servira de livre et de lutrin.
Sur cet arrêt, on le style au service;
En quatre tours il apprend l'exercice.
Déjà d'un air intrépide et dévot
Lucas s'accroche à l'aigle du pivot :
A livre ouvert le chapier en lunettes

LE LUTRIN VIVANT.

Vient entonner ; un groupe de mazettes
Très-gravement poursuit ce chant falot,
Concert grotesque et digne de Callot.

Tout allait bien jusques à l'évangile.
Ferme et plus fier qu'un sénateur romain,
Lucas, tenant sa façade immobile,
Avec succès aurait gagné la fin :
Mais, par malheur, une guêpe incivile,
Par la couture entr'ouvrant le vélin,
Déconcerta le sensible lutrin.
D'abord il souffre, il se fait violence,
Et, tenant bon, il enrage en silence ;
Mais l'aiguillon allant toujours son train,
Pour éviter l'insecte impitoyable,
Le lutrin fuit en criant comme un diable,
Et loin de là va, partant comme un trait,
Pour se guérir retourner le feuillet.
Le fait est sûr : sans peine on peut m'en croire,
De deux Gascons je tiens toute l'histoire.

C'est pour toi seul, ami tendre et charmant,
Que j'ai permis à ma muse exilée,
Loin de tes yeux tristement isolée,

De s'égayer sur cet amusement,
Fruit d'un caprice, ouvrage d'un moment :
Que loin de toi jamais il ne transpire.

Si par hasard il vient à d'autres yeux,
Les esprits francs qui daigneront le lire,
Sans s'appliquer, follement scrupuleux,
A me trouver un crime dans mes jeux,
Honoreront peut-être d'un sourire
Ce libre essor d'un aimable délire,
Délassement d'un travail sérieux.
Pour les bigots et les froids précieux,
Peuple sans goût, gens qu'un faux zèle inspire,
De nos chansons critiques ténébreux,
Censeurs de tout, exempts de rien produire,
Sans trop d'effroi je m'attends à leur ire.
Déjà j'en vois un trio langoureux
S'ensevelir dans un réduit poudreux,
Fronder mes vers, foudroyer et proscrire
Ce badinage, en faire un monstre affreux;
Je les entends gravement s'entre-dire
D'un air capable et d'un ton doucereux :
« Y pense-t-il ? quel écrit scandaleux !
» Quel temps perdu ! pourquoi, s'il veut écrire,

» Ne prend-il point des sujets plus pompeux,
» Des traits moraux, des éloges fameux?... »
Mais, dédaignant leur absurde satire,
Aimable abbé, nous ne ferons que rire
De voir ainsi ces graves ennuyeux
Perdre à gronder, à me chercher des crimes,
Bien plus de temps et de peines entre eux,
Que je n'en perds à façonner ces rimes.

Pour toi, fidèle au goût, au sentiment,
Franc des travers de leur aigre doctrine,
Tu n'iras point peser stoïquement
Au grave poids d'une raison chagrine
Les jeux légers d'une muse badine.
Non : la raison, celle que tu chéris,
A ses côtés laisse marcher les Ris,
Et laisse au froc ces vertus trop fardées,
Qu'un plaisir fin n'a jamais déridées.
Ainsi pensait l'amusant Du Cerceau :
Sage, enjoué, vertueux sans rudesse,
Des sages faux évitant la tristesse,
Il badina sans s'écarter du beau,
Et sans jamais effrayer la sagesse;
Ainsi les traits de son heureux pinceau

Plairont toujours; et de races en races
Vivront gravés dans les fastes des Graces;
Et les censeurs, obstinés à ternir
Son art chéri, par l'ennui pédantesque
D'un français fade, ou d'un latin tudesque,
Endormiront les siècles à venir,

LE MÉCHANT,

COMÉDIE.

ACTE PREMIER.

SCÈNE PREMIÈRE.

LISETTE, FRONTIN.

FRONTIN.

Te voilà de bonne heure, et toujours plus jolie.

LISETTE.

Je n'en suis pas plus gaie.

FRONTIN.

Et pourquoi, je te prie?

LISETTE.

Oh! pour bien des raisons.

FRONTIN.

Es-tu folle? comment!
On prépare une noce, une fête...

LISETTE.

Oui vraiment,
Crois cela; mais pour moi, j'en suis bien convaincue,
Nos affaires vont mal, et la noce est rompue.

FRONTIN.

Pourquoi donc?

LISETTE.

Oh! pourquoi? dans toute la maison
Il règne un air d'aigreur et de division
Qui ne le dit que trop. Au lieu de cette aisance
Qu'établissait ici l'entière confiance,
On se boude, on s'évite, on bâille, on parle bas,
Et je crains que demain on ne se parle pas.
Va, la noce est bien loin, et j'en sais trop la cause :
Ton maître sourdement...

FRONTIN.

     Lui ! bien loin qu'il s'oppose
Au choix qui doit unir Valère avec Chloé,
Je puis te protester qu'il l'a fort appuyé,
Et qu'au bonhomme d'oncle il répète sans cesse
Que c'est le seul parti qui convienne à sa nièce.

LISETTE.

S'il s'en mêle, tant pis ; car, s'il fait quelque bien,
C'est que, pour faire mal, il lui sert de moyen.
Je sais ce que je sais ; et je ne puis comprendre
Que, connaissant Cléon, tu veuilles le défendre.
Droit, franc comme tu l'es, comment estimes-tu
Un fourbe, un homme faux, déshonoré, perdu,
Qui nuit à tout le monde, et croit tout légitime ?

FRONTIN.

Oh ! quand on est fripon, je rabats de l'estime.
Mais autant qu'on peut voir, et que je m'y connais,
Mon maître est honnête homme, à quelque chose près.
La première vertu qu'en lui je considère,
C'est qu'il est libéral, excellent caractère !
Un maître, avec cela, n'a jamais de défaut ;
Et de sa probité c'est tout ce qu'il me faut.

Il me donne beaucoup, outre de fort bons gages.

LISETTE.

Il faut, puisqu'il te fait de si grands avantages,
Que de ton savoir-faire il ait souvent besoin.
Mais, tiens, parle-moi vrai, nous sommes sans témoin :
Cette chanson qui fit une si belle histoire...

FRONTIN.

Je ne me pique pas d'avoir de la mémoire.
Les rapports font toujours plus de mal que de bien :
Et de tout le passé je ne sais jamais rien.

LISETTE.

Cette méthode est bonne, et j'en veux faire usage.
Adieu, monsieur Frontin.

FRONTIN.

                    Quel est donc ce langage ?
Mais, Lisette, un moment.

LISETTE.

                    Je n'ai que faire ici.

FRONTIN.

As-tu donc oublié, pour me traiter ainsi,

ACTE I.

Que je t'aime toujours, et que tu dois m'en croire ?

LISETTE.

Je ne me pique pas d'avoir de la mémoire.

FRONTIN.

Mais que veux-tu ?

LISETTE.

Je veux que, sans autre façon,
Si tu veux m'épouser, tu laisses là Cléon.

FRONTIN.

Oh ! le quitter ainsi, c'est de l'ingratitude ;
Et puis, d'ailleurs, je suis animal d'habitude.
Où trouverais-je mieux ?

LISETTE.

Ce n'est pas l'embarras.
Si, malgré ce qu'on voit, et ce qu'on ne voit pas,
La noce en question parvenait à se faire,
Je pourrais, par Chloé, te placer chez Valère.
Mais, à propos de lui, j'apprends avec douleur
Qu'il connaît fort ton maître, et c'est un grand malheur.
Valère, à ce qu'on dit, est aimable, sincère,

Plein d'honneur, annonçant le meilleur caractère ;
Mais, séduit par l'esprit ou la fatuité,
Croyant qu'on réussit par la méchanceté,
Il a choisi, dit-on, Cléon pour son modèle ;
Il est son complaisant, son copiste fidèle...

FRONTIN.

Mais tu fais des malheurs et des monstres de tout.
Mon maître a de l'esprit, des lumières, du goût,
L'air et le ton du monde ; et le bien qu'il peut faire
Est au-dessus du mal que tu crains pour Valère.

LISETTE.

Si pourtant il ressemble à ce qu'on dit de lui,
Il changera de guide ; il arrive aujourd'hui :
Tu verras ; les méchants nous apprennent à l'être ;
Par d'autres, ou par moi, je lui peindrai ton maître.
Au reste, arrange-toi, fais tes réflexions :
Je t'ai dit ma pensée et mes conditions :
J'attends une réponse, et positive, et prompte.
Quelqu'un vient, laisse-moi... Je crois que c'est Géronte.
Comment ! il parle seul !

SCÈNE II.

GÉRONTE, LISETTE.

GÉRONTE, sans voir Lisette.

Ma foi, je tiendrai bon.
Quand on est bien instruit, bien sûr d'avoir raison,
Il ne faut pas céder. Elle suit son caprice :
Mais moi, je veux la paix, le bien et la justice :
Valère aura Chloé.

LISETTE.

Quoi ! sérieusement ?

GÉRONTE.

Comment ! tu m'écoutais ?

LISETTE.

Tout naturellement.
Mais n'est-ce point un rêve, une plaisanterie ?
Comment, monsieur ! j'aurais, une fois en ma vie,
Le plaisir de vous voir, en dépit des jaloux,
De votre sentiment, et d'un avis à vous ?

GÉRONTE.

Qui m'en empêcherait ? je tiendrai ma promesse ;

Sans l'avis de ma sœur, je marierai ma nièce :
C'est sa fille, il est vrai; mais les biens sont à moi :
Je suis le maître enfin. Je te jure ma foi
Que la donation, que je suis prêt à faire,
N'aura lieu pour Chloé qu'en épousant Valère :
Voilà mon dernier mot.

LISETTE.

Voilà parler, cela !

GÉRONTE.

Il n'est point de parti meilleur que celui-là.

LISETTE.

Assurément.

GÉRONTE.

C'était pour traiter cette affaire
Qu'Ariste vint ici la semaine dernière.
La mère de Valère, entre tous ses amis,
Ne pouvait mieux choisir pour proposer son fils.
Ariste est honnête homme, intelligent et sage :
L'amitié qui nous lie est, ma foi, de notre âge;
Il est parti muni de mon consentement,
Et l'affaire sera finie incessamment ;

Je n'écouterai plus aucun avis contraire ;
Pour la conclusion l'on n'attend que Valère :
Il a dû revenir de Paris ces jours-ci ;
Et ce soir au plus tard je les attends ici.

LISETTE.

Fort bien.

GÉRONTE.

Toujours plaider m'ennuie et me ruine :
Des terres du futur cette terre est voisine,
Et, confondant nos droits, je finis des procès
Qui, sans cette union, ne finiraient jamais.

LISETTE.

Rien n'est plus convenable.

GÉRONTE.

Et puis d'ailleurs, ma nièce
Ne me dédira point, je crois, de ma promesse,
Ni Valère non plus. Avant nos différends,
Ils se voyaient beaucoup, n'étant encor qu'enfants ;
Ils s'aimaient ; et souvent cet instinct de l'enfance
Devient un sentiment quand la raison commence.
Depuis près de six ans qu'il demeure à Paris
Ils ne se sont pas vus : mais je serais surpris

Si, par ses agréments et son bon caractère,
Chloé ne retrouvait tout le goût de Valère.

LISETTE.

Cela n'est pas douteux.

GÉRONTE.

Encore une raison
Pour finir : j'aime fort ma terre, ma maison ;
Leur embellissement fit toujours mon étude.
On n'est pas immortel : j'ai quelque inquiétude
Sur ce qu'après ma mort tout ceci deviendra :
Je voudrais mettre au fait celui qui me suivra,
Lui laisser mes projets. J'ai vu naître Valère :
J'aurai, pour le former, l'autorité d'un père.

LISETTE.

Rien de mieux : mais...

GÉRONTE.

Quoi, mais? J'aime qu'on parle net.

LISETTE.

Tout cela serait beau : mais cela n'est pas fait.

GÉRONTE.

Eh! pourquoi donc?

LISETTE.

Pourquoi? pour une bagatelle
Qui fera tout manquer. Madame y consent-elle?
Si j'ai bien entendu, ce n'est pas son avis.

GÉRONTE.

Qu'importe? ses conseils ne seront pas suivis.

LISETTE.

Ah! vous êtes bien fort, mais c'est loin de Florise :
Au fond, elle vous mène en vous semblant soumise;
Et, par malheur pour vous et toute la maison,
Elle n'a pour conseil que ce monsieur Cléon,
Un mauvais cœur, un traître, enfin un homme horrible,
Et pour qui votre goût m'est incompréhensible.

GÉRONTE.

Ah! te voilà toujours. On ne sait pas pourquoi
Il te déplaît si fort.

LISETTE.

Oh! je le sais bien, moi.

LE MÉCHANT.

Ma maîtresse autrefois me traitait à merveille,
Et ne peut me souffrir depuis qu'il la conseille.
Il croit que de ses tours je ne soupçonne rien ;
Je ne suis point ingrate, et je lui rendrai bien...
Je vous l'ai déjà dit, vous n'en voulez rien croire,
C'est l'esprit le plus faux, et l'âme la plus noire ;
Et je ne vois que trop que ce qu'on m'en a dit...

GÉRONTE.

Toujours la calomnie en veut aux gens d'esprit.
Quoi donc ! parce qu'il sait saisir le ridicule,
Et qu'il dit tout le mal qu'un flatteur dissimule,
On le prétend méchant ! c'est qu'il est naturel :
Au fond, c'est un bon cœur, un homme essentiel.

LISETTE.

Mais je ne parle pas seulement de son style.
S'il n'avait de mauvais que le fiel qu'il distile,
Ce serait peu de chose, et tous les médisants
Ne nuisent pas beaucoup chez les honnêtes gens.
Je parle de ce goût de troubler, de détruire,
Du talent de brouiller, et du plaisir de nuire :
Semer l'aigreur, la haine et la division,
Faire du mal enfin, voilà votre Cléon ;
Voilà le beau portrait qu'on m'a fait de son âme

Dans le dernier voyage où j'ai suivi madame.
Dans votre terre ici fixé depuis longtemps,
Vous ignorez Paris et ce qu'on dit des gens.
Moi, le voyant là-bas s'établir chez Florise,
Et lui trouvant un ton suspect à ma franchise,
Je m'informai de l'homme, et ce qu'on m'en a dit
Est le tableau parfait du plus méchant esprit;
C'est un enchaînement de tours, d'horreurs secrètes,
De gens qu'il a brouillés, de noirceurs qu'il a faites,
Enfin, un caractère effroyable, odieux.

GÉRONTE.

Fables que tout cela, propos des envieux.
Je le connais, je l'aime et je lui rends justice.
Chez moi, j'aime qu'on rie, et qu'on me divertisse;
Il y réussit mieux que tout ce que je voi.
D'ailleurs, il est toujours de même avis que moi;
Preuve que nos esprits étaient faits l'un pour l'autre,
Et qu'une sympathie, un goût comme le nôtre,
Sont pour durer toujours; et puis, j'aime ma sœur,
Et quiconque lui plaît convient à mon humeur :
Elle n'amène ici que bonne compagnie;
Et, grâce à ses amis, jamais je ne m'ennuie.
Quoi! si Cléon était un homme décrié,

L'aurais-je ici reçu? l'aurait-elle prié?
Mais quand il serait tel qu'on te l'a voulu peindre,
Faux, dangereux, méchant, moi, qu'en aurais-je à craindre?
Isolé dans nos bois, loin des sociétés,
Que me font les discours et les méchancetés?

LISETTE.

Je ne jurerais pas qu'en attendant pratique
Il ne divisât tout dans votre domestique.
Madame me paraît déjà d'un autre avis
Sur l'établissement que vous avez promis;
Et d'une... Mais enfin je me serai méprise;
Vous en êtes content; madame en est éprise.
Je croirais même assez...

GÉRONTE.

Quoi? qu'elle aime Cléon?

LISETTE.

C'est vous qui l'avez dit, et c'est avec raison
Que je le pense, moi : j'en ai la preuve sûre.
Si vous me permettez de parler sans figure,
J'ai déjà vu madame avoir quelques amants;
Elle en a toujours pris l'humeur, les sentiments,
Le différent esprit. Tour à tour je l'ai vue

Ou folle ou de bon sens, sauvage ou répandue;
Six mois dans la morale, et six dans les romans,
Selon l'amant du jour et la couleur du temps;
Ne pensant, ne voulant, n'étant rien d'elle-même,
Et n'ayant d'âme enfin que par celui qu'elle aime.
Or, comme je la vois, de bonne qu'elle était,
N'avoir qu'un ton méchant, ton qu'elle détestait,
Je conclus que Cléon est assez bien chez elle.
Autre conclusion tout aussi naturelle :
Elle en prendra conseil; vous en croirez le sien
Pour notre mariage, et nous ne tenons rien.

GÉRONTE.

Ah! je voudrais le voir! corbleu! tu vas connaître
Si je ne suis qu'un sot, ou si je suis le maître.
J'en vais dire deux mots à ma très-chère sœur,
Et la faire expliquer. J'ai déjà sur le cœur
Qu'elle s'est peu prêtée à bien traiter Ariste;
Tu m'y fais réfléchir : outre un accueil fort triste,
Elle m'avait tout l'air de se moquer de lui,
Et ne lui répondait qu'avec un ton d'ennui :
Oh! par exemple, ici tu ne peux pas me dire
Que Cléon ait montré le moindre goût de nuire,
Ni de choquer Ariste, ou de contrarier

Un projet dont ma sœur paraissait s'ennuyer,
Car il ne disait mot.

LISETTE.

Non : mais à la sourdine,
Quand Ariste parlait, Cléon faisait la mine;
Il animait madame en l'approuvant tout bas :
Son air, des demi-mots que vous n'entendiez pas,
Certain ricanement, un silence perfide;
Voilà comme il parlait, et tout cela décide.
Vraiment il n'ira pas se montrer tel qu'il est,
Vous présent : il entend trop bien son intérêt;
Il se sert de Florise, et sait se satisfaire
Du mal qu'il ne fait point par le mal qu'il fait faire.
Enfin, à me prêcher vous perdez votre temps :
Je ne l'aimerai pas, j'abhorre les méchants :
Leur esprit me déplaît comme leur caractère;
Et les bons cœurs ont seuls le talent de me plaire.
Vous, monsieur, par exemple, à parler sans façon,
Je vous aime; pourquoi? c'est que vous êtes bon.

GÉRONTE.

Moi! je ne suis pas bon. Et c'est une sottise
Que pour un compliment...

ACTE I.

LISETTE.

Oui, bonté c'est bêtise,
Selon ce beau docteur : mais vous en reviendrez.
En attendant, en vain vous vous en défendrez,
Vous n'êtes pas méchant, et vous ne pouvez l'être.
Quelquefois, je le sais, vous voulez le paraître;
Vous êtes, comme un autre, emporté, violent,
Et vous vous fâchez même assez honnêtement :
Mais au fond la bonté fait votre caractère,
Vous aimez qu'on vous aime, et je vous en révère.

GÉRONTE.

Ma sœur vient : tu vas voir si j'ai tant de douceur,
Et si je suis si bon.

LISETTE.

Voyons.

SCÈNE III.

FLORISE, GÉRONTE, LISETTE.

GÉRONTE, d'un ton brusque.

Bon jour, ma sœur.

FLORISE.

Ah dieux! parlez plus bas, mon frère, je vous prie.

GÉRONTE.

Eh! pourquoi, s'il vous plaît?

FLORISE.

      Je suis anéantie :
Je n'ai pas fermé l'œil; et vous criez si fort...

GÉRONTE, bas, à Lisette

Lisette, elle est malade.

LISETTE, bas, à Géronte.

      Et vous, vous êtes mort;
Voilà donc ce courage?

FLORISE.

     Allez savoir, Lisette,
Si l'on peut voir Cléon.... Faut-il que je répète?

SCÈNE IV.

FLORISE, GÉRONTE.

FLORISE.

Je ne sais ce que j'ai, tout m'excède aujourd'hui :
Aussi c'est vous... hier...

GÉRONTE.

Quoi donc?

FLORISE.

Oui, tout l'ennui
Que vous m'avez causé sur ce beau mariage,
Dont je ne vois pas bien l'important avantage,
Tous vos propos sans fin m'ont occupé l'esprit
Au point que j'ai passé la plus mauvaise nuit.

GÉRONTE.

Mais, ma sœur, ce parti...

FLORISE.

Finissons là, de grâce :
Allez-vous m'en parler? je vous cède la place.

GÉRONTE.

Un moment : je ne veux...

FLORISE.

Tenez, j'ai de l'humeur,
Et je vous répondrais peut-être avec aigreur.
Vous savez que je n'ai de désirs que les vôtres :
Mais, s'il faut quelquefois prendre l'avis des autres,
Je crois que c'est surtout dans cette occasion.
Eh bien ! sur cette affaire entretenez Cléon :
C'est un ami sensé, qui voit bien, qui vous aime.
S'il approuve ce choix, j'y souscrirai moi-même.
Mais je ne pense pas, à parler sans détours,
Qu'il soit de votre avis, comme il en est toujours.
D'ailleurs, qui vous a fait hâter cette promesse ?
Tout bien considéré, je ne vois rien qui presse.
Oh ! mais, me dites-vous, on nous chicanera :
Ce seront des procès ! Eh bien ! on plaidera.
Faut-il qu'un intérêt d'argent, une misère,
Nous fasse ainsi brusquer une importante affaire ?
Cessez de m'en parler, cela m'excède.

GÉRONTE.

Moi !
Je ne dis rien, c'est vous...

ACTE I.

FLORISE.

Belle alliance!

GÉRONTE.

Eh! quoi...

FLORISE.

La mère de Valère est maussade, ennuyeuse,
Sans usage du monde, une femme odieuse :
Que voulez-vous qu'on dise à de pareils oisons?

GÉRONTE.

C'est une femme simple et sans prétentions,
Qui, veillant sur ses biens...

FLORISE.

La belle emplette encore
Que ce Valère! un fat qui s'aime, qui s'adore.

GÉRONTE.

L'agrément de cet âge en couvre les défauts :
Eh! qui donc n'est pas fat? tout l'est, jusques aux sots.
Mais le temps remédie aux torts de la jeunesse.

FLORISE.

Non : il peut rester fat; n'en voit-on pas sans cesse

Qui jusqu'à quarante ans gardent l'air éventé,
Et sont les vétérans de la fatuité?

GÉRONTE.

Laissons cela. Cléon sera donc notre arbitre.
Je veux vous demander sur un autre chapitre
Un peu de complaisance, et j'espère, ma sœur...

FLORISE.

Ah! vous savez trop bien tous vos droits sur mon cœur.

GÉRONTE.

Ariste doit ici...

FLORISE.

Votre Ariste m'assomme :
C'est, je vous l'avouerai, le plus plat honnête homme...

GÉRONTE.

Ne vous voilà-t-il pas? j'aime tous vos amis;
Tous ceux que vous voulez, vous les voyez admis :
Et moi, je n'en ai qu'un, que j'aime pour mon compte;
Et vous le détestez : oh! cela me démonte.
Vous l'avez accablé, contredit, abruti ;
Croyez-vous qu'il soit sourd, et qu'il n'ait rien senti,

Quoiqu'il n'ait rien marqué? Vous autres, fortes têtes,
Vous voilà! vous prenez tous les gens pour des bêtes ;
Et, ne ménageant rien...

FLORISE.

Eh mais! tant pis pour lui,
S'il s'en est offensé; c'est aussi trop d'ennui
S'il faut, à chaque mot, voir comme on peut le prendre ;
Je dis ce qu'il me vient, et l'on peut me le rendre ;
Le ridicule est fait pour notre amusement,
Et la plaisanterie est libre.

GÉRONTE.

Mais vraiment,
Je sais bien, comme vous, qu'il faut un peu médire.
Mais en face des gens, il est trop fort d'en rire.
Pour conserver vos droits, je veux bien vous laisser
Tous ces lourds campagnards que je voudrais chasser
Quand ils viennent : raillez leurs façons, leur langage,
Et tout l'arrière-ban de notre voisinage ;
Mais grâce, je vous prie, et plus d'attention
Pour Aristé : il revient. Faites réflexion
Qu'il me croira, s'il est traité de même sorte,
Un maitre à qui bientôt on fermera sa porte :

Je ne crois pas avoir cet air-là, Dieu merci.
Enfin, si vous m'aimez, traitez bien mon ami.

FLORISE.

Par malheur, je n'ai point l'art de me contrefaire.
Il vient pour un sujet qui ne saurait me plaire,
Et je lui manquerais indubitablement :
Je ne sortirai pas de mon appartement.

GÉRONTE.

Ce serait une scène.

FLORISE.

Eh non! je ferai dire
Que je suis malade.

GÉRONTE.

Oh! toujours me contredire!

FLORISE.

Mais, marier Chloé! mon frère, y pensez-vous?
Elle est si peu formée, et si sotte, entre nous...

GÉRONTE.

Je ne vois pas cela. Je lui trouve, au contraire,
De l'esprit naturel, un fort bon caractère ;

ACTE I.

Ce qu'elle est devant vous ne vient que d'embarras.
On imaginerait que vous ne l'aimez pas
A vous la voir traiter avec tant de rudesse.
Loin de l'encourager, vous l'effrayez sans cesse,
Et vous l'abrutissez dès que vous lui parlez.
Sa figure est fort bien d'ailleurs.

FLORISE.

Si vous voulez.
Mais c'est un air si gauche, une maussaderie...

GÉRONTE élève la voix, apercevant Lisette.

Tout comme il vous plaira. Finissons, je vous prie.
Puisque je l'ai promis, je veux bien voir Cléon,
Parce que je suis sûr de sa décision.
Mais, quoi qu'on puisse dire, il faut ce mariage;
Il n'est point pour Chloé d'arrangement plus sage.
Feu son père, on le sait, a mangé tout son bien ;
Le vôtre est médiocre, elle n'a que le mien :
Et quand je donne tout, c'est bien la moindre chose
Qu'on daigne se prêter à ce que je propose.

(Il sort.)

FLORISE.

Qu'un sot est difficile à vivre !

SCÈNE V.

FLORISE, LISETTE.

FLORISE.

Eh bien, Cléon
Paraîtra-t-il bientôt?

LISETTE.

Mais oui, si ce n'est non.

FLORISE.

Comment donc?

LISETTE.

Mais, madame, au ton dont il s'explique,
A son air, où l'on voit dans un rire ironique
L'estime de lui-même et le mépris d'autrui,
Comment peut-on savoir ce qu'on tient avec lui?
Jamais ce qu'il vous dit n'est ce qu'il veut vous dire.
Pour moi, j'aime les gens dont l'âme peut se lire,
Qui disent bonnement oui pour oui, non pour non.

FLORISE.

Autant que je puis voir, vous n'aimez pas Cléon.

LISETTE.

Madame, je serai peut-être trop sincère.
Mais il a pleinement le don de me déplaire.
On lui croit de l'esprit, vous dites qu'il en a :
Moi, je ne voudrais point de tout cet esprit-là,
Quand il serait pour rien. Je n'y vois, je vous jure,
Qu'un style qui n'est pas celui de la droiture ;
Et sous cet air capable, où l'on ne comprend rien,
S'il cache un honnête homme, il le cache très-bien.

FLORISE.

Tous vos raisonnements ne valent pas la peine
Que j'y réponde : mais pour calmer cette haine,
Disposez pour Paris tout votre arrangement :
Vous y suivrez Chloé ; je l'envoie au couvent.
Dites-lui de ma part...

LISETTE.

Voici mademoiselle :
Vous-même apprenez-lui cette belle nouvelle.

FLORISE, à Chloé, qui lui baise la main.

Vous êtes aujourd'hui coiffée à faire horreur.

(Elle sort.)

SCÈNE VI.

CHLOÉ, LISETTE.

CHLOÉ.

Quoi ! suis-je donc si mal ?

LISETTE.

      Bon ! c'est une douceur
Qu'on vous dit en passant, par humeur, par envie ;
Le tout pour vous punir d'oser être jolie :
N'importe ; là-dessus allez votre chemin.

CHLOÉ.

Du chagrin qui me suit quand verrai-je la fin ?
Je cherche à mériter l'amitié de ma mère ;
Je veux la contenter, je fais tout pour lui plaire ;
Je me sacrifierais : et tout ce que je fais
De son aversion augmente les effets.
Je suis bien malheureuse !

LISETTE.

     Ah ! quittez ce langage,
Les lamentations ne sont d'aucun usage :

ACTE I.

Il faut de la vigueur. Nous en viendrons à bout
Si vous me secondez : vous ne savez pas tout.

CHLOÉ.

Est-il quelque malheur au-delà de ma peine?

LISETTE.

D'abord, parlez-moi vrai, sans que rien vous retienne.
Voyons; qu'aimez-vous mieux du cloître ou d'un époux?

CHLOÉ.

A quoi bon ce propos?

LISETTE.

C'est que j'ai près de vous
Des pouvoirs pour les deux. Votre oncle m'a chargée
De vous dire que c'est une affaire arrangée
Que votre mariage; et, d'un autre côté,
Votre mère m'a dit, avec même clarté,
De vous notifier qu'il fallait sans remise
Partir pour le couvent : jugez de ma surprise.

CHLOÉ.

Ma mère est ma maîtresse, il lui faut obéir;

Puisse-t-elle à ce prix cesser de me haïr!

LISETTE.

Doucement, s'il vous plaît, l'affaire n'est pas faite,
Et ma décision n'est pas pour la retraite;
Je ne suis point d'humeur d'aller périr d'ennui.
Frontin veut m'épouser, et j'ai du goût pour lui;
Je ne souffrirai pas l'exil qu'on nous ordonne.
Mais vous, n'aimez-vous plus Valère, qu'on vous donne?

CHLOÉ.

Tu le vois bien, Lisette, il n'y faut plus songer.
D'ailleurs, longtemps absent, Valère a pu changer :
La dissipation, l'ivresse de son âge,
Une ville où tout plaît, un monde où tout engage,
Tant d'objets séduisants, tant de divers plaisirs,
Ont loin de moi sans doute emporté ses désirs.
Si Valère m'aimait, s'il songeait que je l'aime,
J'aurais dû quelquefois l'apprendre de lui-même.
Qu'il soit heureux du moins! pour moi, j'obéirai :
Aux ennuis de l'exil mon cœur est préparé;
Et j'y dois expier le crime involontaire
D'avoir pu mériter la haine de ma mère.
A quoi rêves-tu donc? tu ne m'écoutes pas.

ACTE I.

LISETTE.

Fort bien... Voilà de quoi nous tirer d'embarras...
Et sûrement Florise...

CHLOÉ.

Eh bien?

LISETTE.

      Mademoiselle,
Soyez tranquille; allez, fiez-vous à mon zèle;
Nous verrons sans pleurer la fin de tout ceci.
C'est Cléon qui nous perd, et brouille tout ici :
Mais malgré son crédit je vous donne Valère.
J'imagine un moyen d'éclairer votre mère
Sur le fourbe insolent qui la mène aujourd'hui;
Et nous la guérirons du goût qu'elle a pour lui :
Vous verrez.

CHLOÉ.

   Ne fais rien que ce qu'elle souhaite :
Que ses vœux soient remplis, et je suis satisfaite.

LE MÉCHANT.

SCÈNE VII.

LISETTE.

Pour faire son bonheur je n'épargnerai rien.
Hélas! on ne fait plus de cœurs comme le sien.

ACTE DEUXIÈME.

SCÈNE PREMIÈRE.

CLÉON, FRONTIN.

CLÉON.

Qu'est-ce donc que cet air d'ennui, d'impatience?
Tu fais tout de travers : tu gardes le silence;
Je ne t'ai jamais vu de si mauvaise humeur.

FRONTIN.

Chacun a ses chagrins.

CLÉON.

. Ah! tu me fais l'honneur .
De me parler enfin. Je parviendrai peut-être
A voir de quel sujet tes chagrins peuvent naître.
Mais, à propos, Valère?

FRONTIN.

Un de vos gens viendra
M'avertir en secret dès qu'il arrivera.
Mais pourrais-je savoir d'où vient tout ce mystère?
Je ne comprends pas trop le projet de Valère :
Pourquoi, lui qu'on attend, qui doit bientôt, dit-on,
Se voir avec Chloé l'enfant de la maison,
Prétend-il vous parler sans se faire connaître?

CLÉON.

Quand il en sera temps, je le ferai paraître.

FRONTIN.

Je n'y vois pas trop clair : mais le peu que j'y vois
Me paraît mal à vous, et dangereux pour moi.
Je vous ai, comme un sot, obéi sans mot dire :
J'ai réfléchi depuis. Vous m'avez fait écrire

Deux lettres, dont chacune, en honnête maison,
A celui qui l'écrit vaut cent coups de bâton.

CLÉON.

Je te croyais du cœur. Ne crains point d'aventure :
Personne ne connaît ici ton écriture ;
Elles arriveront de Paris ; et pourquoi
Veux-tu que le soupçon aille tomber sur toi ?
La mère de Valère a sa lettre, sans doute ;
Et celle de Géronte?...

FRONTIN.

Elle doit être en route :
La poste d'aujourd'hui va l'apporter ici.
Mais sérieusement tout ce manége-ci
M'alarme, me déplaît, et, ma foi, j'en ai honte.
Y pensez-vous, monsieur? Quoi! Florise et Géronte
Vous comblent d'amitié, de plaisirs et d'honneurs,
Et vous mandez sur eux quatre pages d'horreurs!
Valère, d'autre part, vous aime à la folie :
Il n'a d'autre défaut qu'un peu d'étourderie ;
Et, grâce à vous, Géronte en va voir le portrait
Comme d'un libertin et d'un colifichet.
Cela finira mal.

LE MÉCHANT.

CLÉON.

Oh! tu prends au tragique
Un débat qui pour moi ne sera que comique;
Je me prépare ici de quoi me réjouir,
Et la meilleure scène, et le plus grand plaisir...
J'ai bien voulu pour eux quitter un temps la ville :
Ne point m'en amuser serait être imbécille;
Un peu de bruit rendra ceci moins ennuyeux,
Et me paiera du temps que je perds avec eux.
Valère à mon projet lui-même contribue.
C'est un de ces enfants dont la folle recrue
Dans les sociétés vient tomber tous les ans,
Et lasse tout le monde, excepté leurs parents.
Crois-tu que sur ma foi tout son espoir se fonde?
Le hasard me l'a fait rencontrer dans le monde :
Ce petit étourdi s'est pris de goût pour moi,
Et me croit son ami, je ne sais pas pourquoi.
Avant que dans ces lieux je vinsse avec Florise,
J'avais tout arrangé pour qu'il eût Cidalise :
Elle a, pour la plupart, formé nos jeunes gens :
J'ai demandé pour lui quelques mois de son temps.
Soit que cette aventure, ou quelque autre l'engage..
Voulant absolument rompre son mariage,

Il m'a vingt fois écrit d'employer tous mes soins
Pour le faire manquer, ou l'éloigner du moins;
Parbleu! je vous le sers de la bonne manière.

FRONTIN.

Oui, vous voilà chargé d'une très-belle affaire!

CLÉON.

Mon projet était bien qu'il se tînt à Paris;
C'est malgré mes conseils qu'il vient en ce pays.
Depuis longtemps, dit-il, il n'a point vu sa mère;
Il compte, en lui parlant, gagner ce qu'il espère.

FRONTIN.

Mais vous, quel intérêt... Pourquoi vouloir aigrir
Des gens que pour toujours ce nœud doit réunir?
Et pourquoi seconder la bizarre entreprise
D'un jeune écervelé qui fait une sottise?

CLÉON.

Quand je n'y trouverais que de quoi m'amuser,
Oh! c'est le droit des gens, et je veux en user.
Tout languit, tout est mort sans la tracasserie;
C'est le ressort du monde, et l'ame de la vie;

Bien fou qui là-dessus contraindrait ses désirs ;
Les sots sont ici-bas pour nos menus plaisirs.
Mais un autre intérêt que la plaisanterie
Me détermine encore à cette brouillerie.

FRONTIN.

Comment donc ! à Chloé songeriez-vous aussi ?
Florise croit pourtant que vous n'êtes ici
Que pour son compte, au moins. Je pense que sa fille
Lui pèse horriblement ; et la voir si gentille
L'afflige : je lui vois l'air sombre et soucieux
Lorsque vous regardez longtemps Chloé.

CLÉON.

Tant mieux.

Elle ne me dit rien de cette jalousie :
Mais j'ai bien remarqué qu'elle en était remplie,
Et je la laisse aller.

FRONTIN.

C'est-à-dire, à peu près,
Que Valère écarté sert à vos intérêts.
Mais je ne comprends pas quel dessein est le vôtre ;
Quoi ! Florise et Chloé ?...

ACTE II.

CLÉON.

Moi! ni l'une, ni l'autre.
Je n'agis ni par goût, ni par rivalité :
M'as-tu donc jamais vu dupe d'une beauté?
Je sais trop les défauts, les retours qu'on nous cache :
Toute femme m'amuse, aucune ne m'attache;
Si par hasard aussi je me vois marié,
Je ne m'ennuierai point pour ma chère moitié;
Aimera qui pourra. Florise, cette folle,
Dont je tourne à mon gré l'esprit faux et frivole,
Qui, malgré l'âge, encore a des prétentions,
Et me croit transporté de ses perfections,
Florise pense à moi. C'est pour notre avantage
Qu'elle veut de Chloé rompre le mariage,
Vu que l'oncle à la nièce assurant tout son bien,
S'il venait à mourir, Florise n'aurait rien.
Le point est d'empêcher qu'il ne se dessaisisse;
Et je souhaite fort que cela réussisse :
Si nous pouvons parer cette donation,
Je ne répondrais pas d'une tentation
Sur cet hymen secret dont Florise me presse;
D'un bien considérable elle sera maîtresse;
Et je n'épouserais que sous condition

D'une très-bonne part dans la succession.
D'ailleurs Géronte m'aime : il se peut très-bien faire
Que son choix me regarde en renvoyant Valère;
Et, sur la fille alors arrêtant mon espoir,
Je laisserai la mère à qui voudra l'avoir.
Peut-être tout ceci n'est que vaines chimères.

FRONTIN.

Je le croirais assez.

CLÉON.

Aussi n'y tiens-je guères,
Et je ne m'en fais point un fort grand embarras :
Si rien ne réussit, je ne m'en pendrai pas.
Je puis avoir Chloé, je puis avoir Florise;
Mais, quand je manquerais l'une et l'autre entreprise,
J'aurai, chemin faisant, les ayant conseillés,
Le plaisir d'être craint et de les voir brouillés.

FRONTIN.

Fort bien ! mais si j'osais vous dire en confidence
Où cela va tout droit...

CLÉON.

Eh bien ?

ACTE II.

FRONTIN.

> En conscience,
Cela vise à nous voir donner notre congé.
Déjà, vous le savez, et j'en suis affligé,
Pour vos maudits plaisirs on nous a pour la vie
Chassés de vingt maisons.

CLÉON.

> Chassés ! quelle folie !

FRONTIN.

Oh ! c'est un mot pour l'autre, et puisqu'il faut choisir,
Point chassés, mais priés de ne plus revenir.
Comment n'aimez-vous pas un commerce plus stable ?
Avec tout votre esprit, et pouvant être aimable,
Ne prétendez-vous donc qu'au triste amusement
De vous faire haïr universellement ?

CLÉON.

Cela m'est fort égal : on me craint, on m'estime ;
C'est tout ce que je veux ; et je tiens pour maxime
Que la plate amitié, dont on fait tant de cas,
Ne vaut pas les plaisirs des gens qu'on n'aime pas :

Être cité, mêlé dans toutes les querelles,
Les plaintes, les rapports, les histoires nouvelles,
Être craint à la fois et désiré partout,
Voilà ma destinée et mon unique goût.
Quant aux amis, crois-moi, ce vain nom qu'on se donne
Se prend chez tout le monde, et n'est vrai chez personne;
J'en ai mille, et pas un. Veux-tu que, limité
Au petit cercle obscur d'une société,
J'aille m'ensevelir dans quelque coterie?
Je vais où l'on me plaît; je pars quand on m'ennuie,
Je m'établis ailleurs, me moquant au surplus
D'être haï des gens chez qui je ne vais plus :
C'est ainsi qu'en ce lieu, si la chance varie,
Je compte planter là toute la compagnie.

FRONTIN.

Cela vous plaît à dire, et ne m'arrange pas :
De voir tout l'univers vous pouvez faire cas;
Mais je suis las, monsieur, de cette vie errante :
Toujours visages neufs, cela m'impatiente;
On ne peut, grâce à vous, conserver un ami;
On est tantôt au nord, et tantôt au midi :
Quand je vous crois logé, j'y compte, je me lie
Aux femmes de madame, et je fais leur partie,

J'ose même avancer que je vous fais honneur :
Point du tout, on vous chasse, et votre serviteur.
Je ne puis plus souffrir cette humeur vagabonde,
Et vous ferez tout seul le voyage du monde.
Moi, j'aime ici, j'y reste.

CLÉON.

Et quels sont les appas,
L'heureux objet...

FRONTIN.

Parbleu! ne vous en moquez pas,
Lisette vaut, je crois, la peine qu'on s'arrête;
Et je veux l'épouser.

CLÉON.

Tu serais assez bête
Pour te marier, toi? ton amour, ton dessein,
N'ont pas le sens commun.

FRONTIN.

Il faut faire une fin;
Et ma vocation est d'épouser Lisette :
J'aimais assez Marton, et Nérine, et Finette,

Mais quinze jours chacune, ou toutes à la fois ;
Mon amour le plus long n'a point passé le mois :
Mais ce n'est plus cela, tout autre amour m'ennuie;
Je suis fou de Lisette, et j'en ai pour la vie.

CLÉON.

Quoi ! tu veux te mêler aussi de sentiment?

FRONTIN.

Comme un autre.

CLÉON.

Le fat! Aime moins tristement ;
Pasquin, Lolive, et cent d'amour aussi fidèle,
L'ont aimée avant toi, mais sans se charger d'elle :
Pourquoi veux-tu payer pour tes prédécesseurs?
Fais de même ; aucun d'eux n'est mort de ses rigueurs.

FRONTIN.

Vous la connaissez mal, c'est une fille sage.

CLÉON.

Oui, comme elles le sont.

ACTE II.

FRONTIN.

     Oh! monsieur, ce langage
Nous brouillera tous deux.

CLÉON, après un moment de silence.

     Eh bien! écoute-moi.
Tu me conviens, je t'aime, et si l'on veut de toi,
J'emploierai tous mes soins pour t'unir à Lisette;
Soit ici, soit ailleurs, c'est une affaire faite.

FRONTIN.

Monsieur, vous m'enchantez.

CLÉON.

     Ne va point nous trahir.
Vois si Valère arrive, et reviens m'avertir.

SCÈNE II.

CLÉON.

Frontin est amoureux; je crains bien qu'il ne cause.
Comment parer le risque où son amour m'expose?
Mais si je lui donnais quelque commission
Pour Paris? oui, vraiment, l'expédient est bon :
J'aurai seul mon secret; et si, par aventure,
On sait que les billets sont de son écriture,
Je dirai que de lui je m'étais défié,
Que c'était un coquin, et qu'il est renvoyé.

SCÈNE III.

FLORISE, CLÉON.

FLORISE.

Je vous cherche partout. Ce que prétend mon frère
Est-il vrai? Vous parlez, m'a-t-il dit, pour Valère.
Changeriez-vous d'avis?

CLÉON.

Comment! vous l'avez cru?

FLORISE.

Mais il en est si plein et si bien convaincu...

CLÉON.

Tant mieux. Malgré cela, soyez persuadée
Que tout ce beau projet ne sera qu'en idée ;
Vous y pouvez compter, je vous réponds de tout :
Et ne paraissant pas contrarier son goût,
J'en suis beaucoup plus maître ; et la bête est si bonne,
Soit dit sans vous fâcher...

LE MÉCHANT.

FLORISE.

<blockquote>Ah! je vous l'abandonne;</blockquote>
Faites-en les honneurs : je me sens, entre nous,
Sa sœur on ne peut moins.

CLÉON.

<blockquote>Je pense comme vous;</blockquote>
La parenté m'excède, et ces liens, ces chaînes
De gens dont on partage ou les torts ou les peines,
Tout cela préjugés, misères du vieux temps;
C'est pour le peuple enfin que sont faits les parents.
Vous avez de l'esprit, et votre fille est sotte,
Vous avez pour surcroît un frère qui radotte,
Eh bien! c'est leur affaire après tout : selon moi
Tous ces noms ne sont rien, chacun n'est que pour soi.

FLORISE.

Vous avez bien raison : je vous dois le courage
Qui me soutient contre eux, contre ce mariage.
L'affaire presse au moins, il faut se décider :
Ariste nous arrive, il vient de le mander;
Et, par une façon des galants du vieux style,
Géronte sur la route attend l'autre imbécile;

Il compte voir ce soir les articles signés.

CLÉON.

Et ce soir finira tout ce que vous craignez.
Premièrement, sans vous on ne peut rien conclure;
Il faudra, ce me semble, un peu de signature
De votre part; ainsi tout dépendra de vous :
Refusez de signer, grondez et boudez-nous;
Car, pour me conserver toute sa confiance,
Je serai contre vous moi-même en sa présence,
Et je me fâcherais, s'il en était besoin :
Mais nous l'emporterons sans prendre tout ce soin.
Il m'est venu d'ailleurs une assez bonne idée,
Et dont, faute de mieux, vous pourrez être aidée...
Mais non; car ce serait un moyen un peu fort :
J'aime trop à vous voir vivre de bon accord.

FLORISE.

Oh! vous me le direz. Quel scrupule est le vôtre?
Quoi! ne pensons-nous pas tout haut l'un devant l'autre?
Vous savez que mon goût tient plus à vous qu'à lui;
Et que vos seuls conseils sont ma règle aujourd'hui.
Vous êtes honnête homme, et je n'ai point à craindre
Que vous proposiez rien dont je puisse me plaindre;

Ainsi, confiez-moi tout ce qui peut servir
A combattre Géronte, ainsi qu'à nous unir.

CLÉON.

Au fond je n'y vois pas de quoi faire un mystère...
Et c'est ce que de vous mérite votre frère.
Vous m'avez dit, je crois, que jamais sur les biens
On avait éclairci ni vos droits ni les siens;
Et que, vous assurant d'avoir son héritage,
Vous aviez au hasard réglé votre partage :
Vous savez à quel point il déteste un procès,
Et qu'il donne Chloé pour acheter la paix :
Cela fait contre lui la plus belle matière.
Des biens à répéter, des partages à faire;
Vous voyez que voilà de quoi le mettre aux champs
En lui faisant prévoir un procès de dix ans :
S'il va donc s'obstiner, malgré vos répugnances,
A l'établissement qui rompt nos espérances,
Partons d'ici, plaidez; une assignation
Détruira le projet de la donation :
Il ne peut pas souffrir d'être seul; vous partie,
On ne me verra plus lui tenir compagnie;
Et quant à vos procès, ou vous les gagnerez,
Ou vous plaiderez tant que vous l'achèverez.

FLORISE.

Contre les préjugés dont votre âme est exempte
La mienne, par malheur, n'est pas aussi puissante,
Et je vous avouerai mon imbécillité :
Je n'irais pas sans peine à cette extrémité.
Il m'a toujours aimée, et j'aimais à lui plaire ;
Et soit cette habitude ou quelque autre chimère,
Je ne puis me résoudre à le désespérer :
Mais votre idée au moins sur lui peut opérer ;
Dites-lui qu'avec vous, paraissant fort aigrie,
J'ai parlé de procès, de biens, de brouillerie,
De départ ; et qu'enfin, s'il me poussait à bout,
Vous avez entrevu que je suis prête à tout.

CLÉON.

S'il s'obstine pourtant, quoi qu'on lui puisse dire...
On pourrait consulter pour le faire interdire,
Ne le laisser jouir que d'une pension :
Mon procureur fera cette expédition ;
C'est un homme admirable, et qui, par son adresse,
Aurait fait enfermer les sept sages de Grèce,
S'il eût plaidé contre eux. S'il est quelque moyen
De vous faire passer ses droits et tout son bien,

L'affaire est immanquable, il ne faut qu'une lettre
De moi.

FLORISE.

Non, différez... Je crains de me commettre :
Dites-lui seulement, s'il ne veut point céder,
Que je suis, malgré vous, résolue à plaider.
De l'humeur dont il est, je crois être bien sûre
Que sans mon agrément il craindra de conclure;
Et, pour me ramener ne négligeant plus rien,
Vous le verrez finir par m'assurer son bien.
Au reste vous savez pourquoi je le désire.

CLÉON.

Vous connaissez aussi le motif qui m'inspire,
Madame : ce n'est pas du bien que je prétends,
Et mon goût seul pour vous fait mes engagements.
Des amants du commun j'ignore le langage,
Et jamais la fadeur ne fut à mon usage :
Mais je vous le redis tout naturellement,
Votre genre d'esprit me plaît infiniment;
Et je ne sais que vous avec qui j'aie envie
De penser, de causer, et de passer ma vie;
C'est un goût décidé.

FLORISE.

Puis-je m'en assurer?
Et loin de tout ici pourrez-vous demeurer?
Je ne sais, répandu, fêté comme vous l'êtes,
Je vois plus d'un obstacle au projet que vous faites :
Peut-être votre goût vous a séduit d'abord ;
Mais tout Paris...

CLÉON.

Paris! il m'ennuie à la mort,
Et je ne vous fais pas un fort grand sacrifice
En m'éloignant d'un monde à qui je rends justice ;
Tout ce qu'on est forcé d'y voir et d'endurer
Passe bien l'agrément qu'on peut y rencontrer.
Trouver à chaque pas des gens insupportables,
Des flatteurs, des valets, des plaisants détestables,
Des jeunes gens d'un ton, d'une stupidité!...
Des femmes d'un caprice, et d'une fausseté!...
Des prétendus esprits souffrir la suffisance,
Et la grosse gaîté de l'épaisse opulence,
Tant de petits talents où je n'ai pas de foi ;
Des réputations on ne sait pas pourquoi ;
Des protégés si bas, des protecteurs si bêtes...

Des ouvrages vantés qui n'ont ni pieds ni têtes ;
Faire des soupers fins où l'on périt d'ennui ;
Veiller par air, enfin se tuer pour autrui ;
Franchement, des plaisirs, des biens de cette sorte,
Ne font pas, quand on pense, une chaîne bien forte :
Et, pour vous parler vrai, je trouve plus sensé
Un homme sans projets dans sa terre fixé,
Qui n'est ni complaisant, ni valet de personne,
Que tous ces gens brillants qu'on mange, qu'on friponne,
Qui, pour vivre à Paris avec l'air d'être heureux,
Au fond n'y sont pas moins ennuyés qu'ennuyeux.

FLORISE.

J'en reconnais grand nombre à ce portrait fidèle.

CLÉON.

Paris me fait pitié, lorsque je me rappelle
Tant d'illustres faquins, d'insectes freluquets...

FLORISE.

Votre estime, je crois, n'a pas fait plus de frais
Pour les femmes ?

CLÉON.

   Pour vous je n'ai point de mystères,

ACTE II.

Et vous verrez ma liste avec les caractères :
J'aime l'ordre, et je garde une collection
Des lettres dont je puis faire une édition.
Vous ne vous doutiez pas qu'on pût avoir Lesbie;
Vous verrez de sa prose. Il me vient une envie
Qui peut nous réjouir dans ces lieux écartés,
Et désoler là-bas bien des sociétés;
Je suis tenté, parbleu, d'écrire mes mémoires;
J'ai des traits merveilleux, mille bonnes histoires
Qu'on veut cacher...

FLORISE.

Cela sera délicieux.

CLÉON.

J'y ferai des portraits qui sauteront aux yeux.
Il m'en vient déjà vingt qui retiennent des places :
Vous y verrez Mélite avec toutes ses grâces;
Et ce que j'en dirai tempérera l'amour
De nos petits messieurs qui rôdent à l'entour.
Sur l'aigre Céliante, et la fade Uranie
Je compte bien aussi passer ma fantaisie;
Pour le petit Damis, et monsieur Dorilas,
Et certain plat seigneur, l'automate Alcidas,

Qui, glorieux et bas, se croit un personnage;
Tant d'autres importants, esprits du même étage;
Oh! fiez-vous à moi, je veux les célébrer
Si bien que de six mois ils n'osent se montrer.
Ce n'est pas sur leurs mœurs que je veux qu'on en cause.
Un vice, un déshonneur, font assez peu de chose,
Tout cela dans le monde est oublié bientôt ;
Un ridicule reste, et c'est ce qu'il leur faut.
Qu'en dites-vous? cela peut faire un bruit du diable,
Une brochure unique, un ouvrage admirable,
Bien scandaleux, bien bon : le style n'y fait rien ;
Pourvu qu'il soit méchant, il sera toujours bien.

FLORISE.

L'idée est excellente, et la vengeance est sûre.
Je vous prierai d'y joindre avec quelque aventure
Une madame Orphise, à qui j'en dois d'ailleurs,
Et qui mérite bien quelques bonnes noirceurs;
Quoiqu'elle soit affreuse, elle se croit jolie,
Et de l'humilier j'ai la plus grande envie.
Je voudrais que déjà votre ouvrage fût fait.

CLÉON.

On peut toujours à compte envoyer son portrait,

Et dans trois jours d'ici désespérer la belle.

FLORISE.

Et comment?

CLÉON.

On peut faire une chanson sur elle ;
Cela vaut mieux qu'un livre, et court tout l'univers.

FLORISE.

Oui, c'est très-bien pensé ; mais faites-vous des vers ?

CLÉON.

Qui n'en fait pas ? est-il si mince coterie
Qui n'ait son bel esprit, son plaisant, son génie ?
Petits auteurs honteux, qui font, malgré les gens,
Des bouquets, des chansons et des vers innocents.
Oh ! pour quelques couplets, fiez-vous à ma muse :
Si votre Orphise en meurt, vous plaire est mon excuse :
Tout ce qui vit n'est fait que pour nous réjouir,
Et se moquer du monde est tout l'art d'en jouir.
Ma foi, quand je parcours tout ce qui le compose,
Je ne trouve que nous qui valions quelque chose.

SCÈNE IV.

CLÉON, FLORISE, FRONTIN.

FRONTIN, un peu éloigné.

Monsieur, je voudrais bien...

CLÉON.

Attends...
A Florise.
Permettez-vous ?...

FLORISE.

Veut-il vous parler seul ?

FRONTIN.

Mais, madame...

FLORISE.

Entre nous
Entière liberté. Frontin est impayable ;
Il vous sert bien, je l'aime.

CLÉON, à Florise qui sort.

Il est assez bon diable,
Un peu bête....

SCÈNE V.

CLÉON, FRONTIN.

FRONTIN.

Ah! monsieur, ma réputation
Se passerait fort bien de votre caution;
De mon panégyrique épargnez-vous la peine.
Valère entrera-t-il?

CLÉON.

Je ne veux pas qu'il vienne.
Ne t'avais-je pas dit de venir m'avertir,
Que j'irais le trouver?

FRONTIN.

Il a voulu venir :
Je ne suis point garant de cette extravagance;
Il m'a suivi de loin, malgré ma remontrance,
Se croyant invisible, à ce que je conçois,
Parce qu'il a laissé sa chaise dans le bois.
Caché près de ces lieux, il attend qu'on l'appelle.

CLÉON.

Florise heureusement vient de rentrer chez elle.
Qu'il vienne. Observe tout pendant notre entretien.

SCÈNE VI.

CLÉON.

L'affaire est en bon train, et tout ira fort bien
Après que j'aurai fait la leçon à Valère
Sur toute la maison, et sur l'art d'y déplaire :
Avec son ton, ses airs et sa frivolité,
Il n'est pas mal en fonds pour être détesté ;
Une vieille franchise à ses talents s'oppose ;
Sans cela l'on pourrait en faire quelque chose.

SCÈNE VII.

VALÈRE, en habit de campagne; CLÉON.

VALÈRE, embrassant Cléon.

Eh! bon jour, cher Cléon! je suis comblé, ravi
De retrouver enfin mon plus fidèle ami.
Je suis au désespoir des soins dont vous accable
Ce mariage affreux : vous êtes adorable!
Comment reconnaîtrai-je...

CLÉON.

Ah! point de compliments;
Quand on peut être utile, et qu'on aime les gens,
On est payé d'avance... Eh bien! quelles nouvelles
A Paris?

VALÈRE.

Oh! cent mille, et toutes des plus belles :
Paris est ravissant; et je crois que jamais
Les plaisirs n'ont été si nombreux, si parfaits,
Les talents plus féconds, les esprits plus aimables;
Le goût fait chaque jour des progrès incroyables;

Chaque jour le génie et la diversité
Viennent nous enrichir de quelque nouveauté.

CLÉON.

Tout vous paraît charmant, c'est le sort de votre âge;
Quelqu'un pourtant m'écrit (et j'en crois son suffrage)
Que de tout ce qu'on voit on est fort ennuyé;
Que les arts, les plaisirs, les esprits font pitié;
Qu'il ne nous reste plus que des superficies,
Des pointes, du jargon, de tristes facéties;
Et qu'à force d'esprit et de petits talents
Dans peu nous pourrions bien n'avoir plus le bon sens.
Comment, vous qui voyez si bien les ridicules,
Ne m'en dites-vous rien? tenez-vous aux scrupules,
Toujours bon, toujours dupe?

VALÈRE.

Oh! non, en vérité,
Mais c'est que je vois tout assez du bon côté :
Tout est colifichet, pompon et parodie.
Le monde, comme il est, me plaît à la folie.
Les belles tous les jours vous trompent, on leur rend;
On se prend, on se quitte assez publiquement;
Les maris savent vivre, et sur rien ne contestent;

Les hommes s'aiment tous, les femmes se détestent
Mieux que jamais : enfin c'est un monde charmant;
Et Paris s'embellit délicieusement.

CLÉON.

Et Cidalise?...

VALÈRE.

Mais...

CLÉON.

C'est une affaire faite?
Sans doute vous l'avez?... Quoi! la chose est secrète?

VALÈRE.

Mais cela fût-il vrai, le dirais-je?

CLÉON.

Partout;
Et ne point l'annoncer c'est mal servir son goût.

VALÈRE.

Je m'en détacherais si je la croyais telle.
J'ai, je vous l'avouerai, beaucoup de goût pour elle;

ACTE II.

Et pour l'aimer toujours, si je m'en fais aimer,
J'observe ce qui peut me la faire estimer.

CLÉON, avec un grand éclat de rire.

Feu Céladon, je crois, vous a légué son âme :
Il faudrait des six mois pour aimer une femme,
Selon vous ; on perdrait son temps, la nouveauté,
Et le plaisir de faire une infidélité.
Laissez la bergerie, et, sans trop de franchise,
Soyez de votre siècle, ainsi que Cidalise :
Ayez-la, c'est d'abord ce que vous lui devez,
Et vous l'estimerez après si vous pouvez :
Au reste, affichez tout. Quelle erreur est la vôtre !
Ce n'est qu'en se vantant de l'une qu'on a l'autre,
Et l'honneur d'enlever l'amant qu'une autre a pris
A nos gens du bel air met souvent tout leur prix.

VALÈRE.

Je vous en crois assez... Eh bien ! mon mariage ?
Concevez-vous ma mère, et tout ce radotage ?

CLÉON.

N'en appréhendez rien. Mais, soit dit entre nous,
Je me reproche un peu ce que je fais pour vous;

Car enfin, si, voulant prouver que je vous aime,
J'aide à vous nuire, et si vous vous trompez vous-même
En fuyant un parti peut-être avantageux?

VALÈRE.

Eh! non : vous me sauvez un ridicule affreux.
Que dirait-on de moi, si j'allais, à mon âge,
D'un ennuyeux mari jouer le personnage?
Ou j'aurais une prude au ton triste, excédant,
Une bégueule enfin qui serait mon pédant;
Ou si, pour mon malheur, ma femme était jolie,
Je serais le martyr de sa coquetterie.
Fuir Paris, ce serait m'égorger de ma main.
Quand je puis m'avancer et faire mon chemin,
Irais-je, accompagné d'une femme importune,
Me rouiller dans ma terre et borner ma fortune?
Ma foi, se marier, à moins qu'on ne soit vieux,
Fi! cela me paraît ignoble, crapuleux.

CLÉON.

Vous pensez juste.

VALÈRE.

A vous en est toute la gloire :

ACTE II.

D'après vos sentiments, je prévois mon histoire
Si j'allais m'enchaîner ; et je ne vous vois pas
Le plus petit scrupule à m'ôter d'embarras.

CLÉON.

Mais malheureusement on dit que votre mère
Par de mauvais conseils s'obstine à cette affaire :
Elle a chez elle un homme, ami de ces gens-ci,
Qui, dit-on, avec elle est assez bien aussi ;
Un Ariste, un esprit d'assez grossière étoffe :
C'est une espèce d'ours qui se croit philosophe.
Le connaissez-vous ?

VALÈRE.

Non, je ne l'ai jamais vu ;
Chez moi depuis six ans je ne suis pas venu ;
Ma mère m'a mandé que c'est un homme sage,
Fixé depuis longtemps dans notre voisinage ;
Que c'était son ami, son conseil aujourd'hui,
Et qu'elle prétendait me lier avec lui.

CLÉON.

Je ne vous dirai pas tout ce qu'on en raconte ;
Il vous suffit qu'elle est aveugle sur son compte :

Mais moi, qui vois pour vous les choses de sang froid,
Au fond je ne puis croire Ariste un homme droit :
Géronte est son ami, cela depuis l'enfance.

VALÈRE.

A mes dépens peut-être ils sont d'intelligence ?

CLÉON.

Cela m'en a tout l'air.

VALÈRE.

J'aime mieux un procès :
J'ai des amis là-bas, je suis sûr du succès.

CLÉON.

Quoique je sois ici l'ami de la famille,
Je dois vous parler franc. A moins d'aimer leur fille,
Je ne vois pas pourquoi vous vous empresseriez
Pour pareille alliance. On dit que vous l'aimiez
Quand vous étiez ici ?

VALÈRE.

Mais assez, ce me semble ;

Nous étions élevés, accoutumés ensemble;
Je la trouvais gentille, elle me plaisait fort :
Mais Paris guérit tout, et les absents ont tort.
On m'a mandé souvent qu'elle était embellie.
Comment la trouvez-vous?

CLÉON.

Ni laide, ni jolie;
C'est un de ces minois que l'on a vus partout,
Et dont on ne dit rien.

VALÈRE.

J'en crois fort votre goût.

CLÉON.

Quant à l'esprit, néant; il n'a pas pris la peine
Jusqu'ici de paraître, et je doute qu'il vienne;
Ce qu'on voit à travers son petit air boudeur,
C'est qu'elle sera fausse et qu'elle a de l'humeur.
On la croit une Agnès; mais comme elle a l'usage
De sourire à des traits un peu forts pour son âge,
Je la crois avancée; et, sans trop me vanter,
Si je m'étais donné la peine de tenter...

Enfin, si je n'ai pas suivi cette conquête,
La faute en est aux dieux, qui la firent si bête.

VALÈRE.

Assurément Chloé serait une beauté,
Que sur ce portrait-là j'en serais peu tenté.
Allons, je vais partir; et comptez que j'espère
Dans deux heures d'ici désabuser ma mère :
Je laisse en bonnes mains...

CLÉON.

Non; il vous faut rester.

VALÈRE.

Mais comment voulez-vous ici me présenter?

CLÉON.

Non pas dans le moment : dans une heure.

VALÈRE.

A votre aise.

CLEON.

Il faut que vous alliez retrouver votre chaise :

Dans l'instant que Géronte ici sera rentré
(Car c'est lui qu'il nous faut), je vous le manderai;
Et vous arriverez par la route ordinaire,
Comme ayant prétendu nous surprendre et nous plaire.

VALÈRE.

Comment concilier cet air impatient,
Cette galanterie avec mon compliment?
C'est se moquer de l'oncle, et c'est me contredire :
Toute mon ambassade est réduite à lui dire
Que je serai (soit dit dans le plus simple aveu)
Toujours son serviteur, et jamais son neveu.

CLÉON.

Et voilà justement ce qu'il ne faut pas faire :
Ce ton d'autorité choquerait votre mère :
Il faut dans vos propos paraître consentir,
Et tâcher, d'autre part, de ne point réussir.
Écoutez : conservons toutes les vraisemblances;
On ne doit se lâcher sur les impertinences
Que selon le besoin, selon l'esprit des gens;
Il faut, pour les mener, les prendre dans leur sens :
L'important est d'abord que l'oncle vous déteste;

Si vous y parvenez, je vous réponds du reste.
Or, notre oncle est un sot, qui croit avoir reçu
Toute sa part d'esprit en bon sens prétendu;
De tout usage antique amateur idolâtre,
De toutes nouveautés frondeur opiniâtre,
Homme d'un autre siècle, et ne suivant en tout
Pour ton qu'un vieux honneur, pour loi que le vieux goût;
Cerveau des plus bornés, qui, tenant pour maxime
Qu'un seigneur de paroisse est un être sublime,
Vous entretient sans cesse avec stupidité
De son banc, de ses soins et de sa dignité :
On n'imagine pas combien il se respecte;
Ivre de son château, dont il est l'architecte,
De tout ce qu'il a fait sottement entêté,
Possédé du démon de la propriété,
Il réglera pour vous son penchant ou sa haine
Sur l'air dont vous prendrez tout son petit domaine.
D'abord, en arrivant, il faut vous préparer
A le suivre partout, tout voir, tout admirer,
Son parc, son potager, ses bois, son avenue;
Il ne vous fera pas grâce d'une laitue.
Vous, au lieu d'approuver, trouvant tout fort commun,
Vous ne lui paraîtrez qu'un fat très-importun,
Un petit raisonneur, ignorant, indocile,

ACTE II.

Peut-être ira-t-il même à vous croire imbécile.

VALÈRE.

Oh! vous êtes charmant... Mais n'aurais-je point tort?
J'ai de la répugnance à le choquer si fort.

CLÉON.

Eh bien!... mariez-vous... Ce que je viens de dire
N'était que pour forcer Géronte à se dédire,
Comme vous désiriez; moi, je n'exige rien;
Tout ce que vous ferez sera toujours très-bien;
Ne consultez que vous.

VALÈRE.

Écoutez-moi, de grâce;
Je cherche à m'éclairer.

CLÉON.

Mais tout vous embarrasse,
Et vous ne savez point prendre votre parti.
Je n'approuverais pas ce début étourdi
Si vous aviez affaire à quelqu'un d'estimable
Dont la vue exigeât un maintien raisonnable;

Mais avec un vieux fou dont on peut se moquer,
J'avais imaginé qu'on pouvait tout risquer,
Et que, pour vos projets, il fallait sans scrupule
Traiter légèrement un vieillard ridicule.

VALÈRE.

Soit. Il a la fureur de me croire à son gré :
Mais fiez-vous à moi, je l'en détacherai:

SCÈNE VIII.

CLÉON, VALÈRE, FRONTIN.

FRONTIN.

Monsieur, j'entends du bruit, et je crains qu'on ne vienne.

CLÉON.

Ne perdez point de temps; que Frontin vous ramène.

LE MÉCHANT.

SCÈNE IX.

CLÉON.

Maintenant éloignons Frontin, et qu'à Paris
Il porte le mémoire où je demande avis
Sur l'interdiction de cet ennuyeux frère.
Florise s'en défend; son faible caractère
Ne sait point embrasser un parti courageux :
Embarquons-la si bien, qu'amenée où je veux,
Mon projet soit pour elle un parti nécessaire.
Je ne sais si je dois trop compter sur Valère...
Il pourrait bien manquer de résolution,
Et je veux appuyer son expédition :
C'est un fat subalterne; il est né trop timide :
On ne va point au grand, si l'on n'est intrépide.

ACTE TROISIÈME.

SCÈNE PREMIÈRE.

CHLOÉ, LISETTE.

CHLOÉ.

Oui, je te le répète, oui, c'est lui que j'ai vu ;
Mieux encore que mes yeux mon cœur l'a reconnu :
C'est Valère lui-même. Et pourquoi ce mystère?
Venir sans demander mon oncle ni ma mère,
Sans marquer pour me voir le moindre empressement !
Ce procédé m'annonce un affreux changement.

LE MÉCHANT.

LISETTE

Eh! non, ce n'est pas lui; vous vous serez trompée.

CHLOÉ.

Non, crois-moi; de ses traits je suis trop occupée
Pour pouvoir m'y tromper; et nul autre sur moi
N'aurait jamais produit le trouble où je me voi.
Si tu le connaissais, si tu pouvais l'entendre,
Ah! tu saurais trop bien qu'on ne peut s'y méprendre;
Que rien ne lui ressemble, et que ce sont des traits
Qu'avec d'autres, Lisette, on ne confond jamais.
Le doux saisissement d'une joie imprévue,
Tous les plaisirs du cœur m'ont remplie à sa vue :
J'ai voulu l'appeler; je l'aurais dû, je crois :
Mes transports m'ont ôté l'usage de la voix,
Il était déjà loin... Mais, dis-tu vrai, Lisette?
Quoi! Frontin!...

LISETTE.

Il me tient l'aventure secrète;
Son maître l'attendait, et je n'ai pu savoir....

CHLOÉ.

Informe-toi d'ailleurs; d'autres l'auront pu voir;

ACTE III.

Demande à tout le monde... Eh! va donc.

LISETTE.

Patience!
Du zèle n'est pas tout, il faut de la prudence :
N'allons pas nous jeter dans d'autres embarras.
Raisonnons. C'est Valère ou bien ce ne l'est pas :
Si c'est lui, dans la règle, il faut qu'il vous prévienne ;
Et si ce ne l'est pas ma course serait vaine :
On le saurait. Cléon, dans ses jeux innocents,
Dirait que nous courons après tous les passants :
Ainsi, tout bien pensé, le plus sûr est d'attendre
Le retour de Frontin, dont je veux tout apprendre...
Serait-ce bien Valère ?... Eh! mais, en vérité,
Je commence à le croire... Il l'aura consulté :
De quelque bon conseil cette fuite est l'ouvrage.
Oui, brouiller des parents le jour d'un mariage,
Pour prélude chasser l'époux de la maison :
L'histoire est toute simple, et digne de Cléon.
Plus le trait serait noir, plus il est vraisemblable.

CHLOÉ.

Il faudrait que ce fût un homme abominable :
Tes soupçons vont trop loin ; qu'ai-je fait contre lui ?

Et pourquoi voudrait-il m'affliger aujourd'hui ?
Peut-il être des cœurs assez noirs pour se plaire
A faire ainsi du mal pour le plaisir d'en faire ?
Mais toi-même, pourquoi soupçonner cette horreur ?
Je te vois lui parler avec tant de douceur.

LISETTE.

Vraiment, pour mon projet, il ne faut pas qu'il sache
Le fond d'aversion qu'avec soin je lui cache.
Souvent il m'interroge, et du ton le plus doux
Je flatte les desseins qu'il a, je crois, sur vous.
Il imagine avoir toute ma confiance,
Il me croit sans ombrage et sans expérience ;
Il en sera la dupe : allez, ne craignez rien :
Géronte amène Ariste, et j'en augure bien.
Les desseins de Cléon ne nuiront point aux nôtres.
J'ai vu ces gens si fins plus attrapés que d'autres ;
On l'emporte souvent sur la duplicité
En allant son chemin avec simplicité ;
Et...

FRONTIN, derrière le théâtre.

Lisette !

LISETTE, à Chloé.

Rentrez ; c'est Frontin qui m'appelle.

ACTE III.

SCÈNE II.

FRONTIN, LISETTE.

FRONTIN, sans voir Lisette.

Parbleu, je vais lui dire une bonne nouvelle !
On est bien malheureux d'être né pour servir.
Travailler, ce n'est rien ; mais toujours obéir !

LISETTE.

Comment ! ce n'est que vous ? Moi, je cherchais Ariste.

FRONTIN.

Tiens, Lisette, finis, ne me rends pas plus triste ;
J'ai déjà trop ici de sujet d'enrager,
Sans que ton air fâché vienne encor m'affliger.
Il m'envoie à Paris ; que dis-tu du message ?

LISETTE.

Rien.

FRONTIN.

Comment, rien ! un mot, pour le moins.

LISETTE.

                                  Bon voyage.
Partez ou demeurez, cela m'est fort égal.

FRONTIN.

Comment as-tu le cœur de me traiter si mal ?
Je n'y puis plus tenir, ta gravité me tue ;
Il ne tiendra qu'à moi, si cela continue,
Oui... de mourir.

LISETTE.

        Mourez.

FRONTIN.

                     Pour t'avoir résisté
Sur celui qui tantôt s'est ici présenté...
Pour n'avoir pas voulu dire ce que j'ignore...

LISETTE.

Vous le savez très-bien, je le répète encore :
Vous aimez les secrets ; moi, chacun a son goût,
Je ne veux point d'amant qui ne me dise tout.

FRONTIN.

Ah! comment accorder mon honneur et Lisette?
Si je te le disais.

LISETTE.

Oh! la paix serait faite,
Et pour nous marier tu n'aurais qu'à vouloir.

FRONTIN.

Eh bien! l'homme qu'ici vous ne deviez pas voir
Était un inconnu... dont je ne sais pas l'âge...
Qui, pour nous consulter sur certain mariage
D'une fille... non, veuve... ou les deux... Au surplus,
Tout va bien... M'entends-tu?

LISETTE.

Moi? non.

FRONTIN.

Ni moi non plus.
Si bien que pour cacher et l'homme et l'aventure...

LISETTE.

As-tu dit? A quoi bon te donner la torture?

Va, mon pauvre Frontin, tu ne sais pas mentir;
Et je t'en aime mieux; moi, pour te secourir,
Et ménager l'honneur que tu mets à te taire,
Je dirai, si tu veux, qui c'était.

FRONTIN.

Qui?

LISETTE.

Valère.
Il ne faut pas rougir, ni tant me regarder.

FRONTIN.

Eh bien! si tu le sais, pourquoi le demander?

LISETTE.

Comme je n'aime pas les demi-confidences,
Il faudra m'éclaircir de tout ce que tu penses
De l'apparition de Valère en ces lieux,
Et m'apprendre pourquoi cet air mystérieux;
Mais je n'ai pas le temps d'en dire davantage :
Voici mon dernier mot : je défends ton voyage.
Tu m'aimes, obéis. Si tu pars, dès demain.

Toute promesse est nulle, et j'épouse Pasquin.

FRONTIN.

Mais...

LISETTE.

Point de mais... On vient. Va, fais croire à ton maître
Que tu pars ; nous saurons te faire disparaître.

LE MÉCHANT.

SCÈNE III.

ARISTE, GÉRONTE, CLÉON, LISETTE.

GÉRONTE.

Que fait donc ta maîtresse ? où chercher maintenant ?
Je cours... j'appelle...

LISETTE.

Elle est dans son appartement.

GÉRONTE.

Cela peut être, mais elle ne répond guère.

LISETTE.

Monsieur, elle a si mal passé la nuit dernière...

GÉRONTE.

Oh ! parbleu tout ceci commence à m'ennuyer ;
Je suis las des humeurs qu'il me faut essuyer.
Comment ! on ne peut plus être un seul jour tranquille !
Je vois bien qu'elle boude, et je connais son style ;
Oh bien ! moi, les boudeurs sont mon aversion,

Et je n'en veux jamais souffrir dans ma maison.
A mon exemple ici je prétends qu'on en use;
Je tâche d'amuser, et je veux qu'on m'amuse.
Sans cesse de l'aigreur, des scènes, des refus,
Et des maux éternels, auxquels je ne crois plus;
Cela m'excède enfin. Je veux que tout le monde
Se porte bien chez moi, que personne n'y gronde,
Et qu'avec moi chacun aime à se réjouir;
Ceux qui s'y trouvent mal, ma foi, peuvent partir.

ARISTE.

Florise a de l'esprit : avec cet avantage
On a de la ressource; et je crois bien plus sage
Que vous la rameniez par raison, par douceur,
Que d'aller opposer la colère à l'humeur.
Ces nuages légers se dissipent d'eux-mêmes;
D'ailleurs, je ne suis point pour les partis extrêmes.
Vous vous aimez tous deux.

GÉRONTE.

    Et qu'en pense Cléon?

CLÉON.

Que vous n'avez pas tort, et qu'Ariste a raison.

GÉRONTE.

Mais encor quel conseil...

CLÉON.

Que voulez-vous qu'on dise ?
Vous savez mieux que nous comment mener Florise.
S'il faut se déclarer pourtant de bonne foi,
Je voudrais, comme vous, être maitre chez moi.
D'autre part, se brouiller... A propos de querelle,
Il faut que je vous parle ; en causant avec elle,
Je crois avoir surpris un projet dangereux,
Et que je vous dirai pour le bien de tous deux.
Car vous voir bien ensemble est ce que je désire.

GÉRONTE.

Allons, chemin faisant, vous pourrez me le dire.
Je vais la retrouver ; venez-y. Je verrai,
Quand vous m'aurez parlé, ce que je lui dirai.
Ariste, permettez qu'un moment je vous quitte.
Je vais avec Cléon voir ce qu'elle médite,
Et la determiner à vous bien recevoir.
Car de façon ou d'autre... Enfin nous allons voir.

SCÈNE IV.

ARISTE, LISETTE.

LISETTE.

Ah! que votre retour nous était nécessaire,
Monsieur! vous seul pouvez rétablir cette affaire :
Elle tourne au plus mal ; et si votre crédit
Ne détrompe Géronte, et ne nous garantit,
Cléon va perdre tout.

ARISTE.

           Que veux-tu que je fasse?
Géronte n'entend rien : ce que je vois me passe.
J'ai beau citer des faits et lui parler raison,
Il ne croit rien, il est aveugle sur Cléon.
J'ai pourtant tout espoir dans une conjecture
Qui le détromperait, si la chose était sûre ;
Il s'agit de soupçons, que je puis voir détruits.
Comme je crois le mal le plus tard que je puis,
Je n'ai rien dit encor ; mais aux yeux de Géronte
Je démasque le traître et le couvre de honte,

Si je puis avérer le tour le plus sanglant
Dont je l'ai soupçonné, grâces à son talent.

LISETTE.

Le soupçonner? comment! c'est là que vous en êtes?
Ma foi, c'est trop d'honneur, monsieur, que vous lui faites.
Croyez d'avance, et tout...

ARISTE.

Il s'en est peu fallu
Que pour ce mariage on ne m'ait pas revu.
Sans toutes mes raisons, qui l'ont bien ramenée,
La mère de Valère était déterminée
A les remercier.

LISETTE.

Pourquoi?

ARISTE.

C'est une horreur
Dont je veux dévoiler et confondre l'auteur;
Et tu m'y serviras.

ACTE III.

LISETTE.

A propos de Valère,
Où croyez-vous qu'il soit?

ARISTE.

Peut-être chez sa mère,
Au moment où j'en parle; à toute heure on l'attend.

LISETTE.

Bon! il est ici.

ARISTE.

Lui?

LISETTE.

Lui; le fait est constant.

ARISTE.

Mais quelle étourderie!

LISETTE.

Oh! toutes ses mesures
Semblaient, pour le cacher, bien prises et bien sûres :

Il n'a vu que Cléon ; et, l'oracle entendu,
Dans le bois près d'ici Valère s'est perdu,
Et je l'y crois encor : comptez que c'est lui-même ;
Je le sais de Frontin.

ARISTE.

Quel embarras extrême !
Que faire? L'aller voir, on saurait tout ici :
Lui mander mes conseils est le meilleur parti.
Donne-moi ce qu'il faut ; hâte-toi, que j'écrive.

LISETTE.

J'y vais... J'entends, je crois, quelqu'un qui nous arrive.

SCÈNE V.

ARISTE.

Ce voyage insensé, d'accord avec Cléon,
Sur la lettre anonyme augmente mon soupçon :
La noirceur masque en vain les poisons qu'elle verse,
Tout se sait tôt ou tard, et la vérité perce :
Par eux-mêmes souvent les méchants sont trahis.

LE MÉCHANT.

SCÈNE VI.

VALÈRE, ARISTE.

VALÈRE.

Ah! les affreux chemins, et le maudit pays!
A Ariste.
Mais, de grâce, monsieur, voulez-vous bien m'apprendre
Où je puis voir Géronte?

ARISTE.

Il serait mieux d'attendre :
En ce moment, monsieur, il est fort occupé.

VALÈRE.

Et Florise? On viendrait, ou je suis bien trompé;
L'étiquette du lieu serait un peu légère;
Et quand un gendre arrive, on n'a point d'autre affaire.

ARISTE.

Quoi! vous êtes...

VALÈRE.

Valère.

ARISTE.

Eh quoi! surprendre ainsi!
Votre mère voulait vous présenter ici,
A ce qu'on m'a dit.

VALÈRE.

Bon! vieille cérémonie.
D'ailleurs, je sais très-bien que l'affaire est finie.
Ariste a décidé... Cet Ariste, dit-on,
Est aujourd'hui chez moi maître de la maison;
On suit aveuglément tous les conseils qu'il donne.
Ma mère est, par malheur, fort crédule, trop bonne.

ARISTE.

Sur l'amitié d'Ariste, et sur sa bonne foi...

VALÈRE.

Oh! cela...

ARISTE.

Doucement; cet Ariste, c'est moi.

VALÈRE.

Ah! monsieur...

LE MÉCHANT.

ARISTE.

Ce n'est point sur ce qui me regarde
Que je me plains des traits que votre erreur hasarde;
Ne me connaissant point, ne pouvant me juger,
Vous ne m'offensez pas; mais je dois m'affliger
Du ton dont vous parlez d'une mère estimable,
Qui vous croit de l'esprit, un caractère aimable;
Qui veut votre bonheur : voilà ses seuls défauts.
Si votre cœur au fond ressemble à vos propos...

VALÈRE.

Vous me faites ici les honneurs de ma mère,
Je ne sais pas pourquoi. Son amitié m'est chère.
Le hasard vous a fait prendre mal mes discours;
Mais mon cœur la respecte et l'aimera toujours.

ARISTE.

Valère, vous voilà, ce langage est le vôtre :
Oui, le bien vous est propre, et le mal est d'un autre.

VALÈRE.

A part.   Haut.
Oh! voici les sermons, l'ennui!.. Mais, s'il vous plaît,

ACTE III.

Ne ferions-nous pas bien d'aller voir où l'on est ?
Il convient...

ARISTE.

Un moment. Si l'amitié sincère
M'autorise à parler au nom de votre mère,
De grâce, expliquez-moi ce voyage secret
Qu'aujourd'hui même ici vous avez déjà fait.

VALÈRE.

Vous savez ?...

ARISTE.

Je le sais.

VALÈRE.

Ce n'est point un mystère
Bien merveilleux : j'avais à parler d'une affaire
Qui regarde Cléon, et m'intéresse fort ;
J'ai voulu librement l'entretenir d'abord,
Sans être interrompu par la mère et la fille,
Et nous voir assiégés de toute une famille.
Comme il est mon ami...

ARISTE.

Lui?

VALÈRE.

Mais assurément.

ARISTE.

Vous osez l'avouer?

VALÈRE.

Ah! très-parfaitement.
C'est un homme d'esprit, de bonne compagnie,
Et je suis son ami de cœur et pour la vie.
Ah! ne l'est pas qui veut.

ARISTE.

Et si l'on vous montrait
Que vous le haïrez?

VALÈRE.

On serait bien adroit.

ARISTE.

Si l'on vous faisait voir que ce bon air, ces grâces,

Ce clinquant de l'esprit, ces trompeuses surfaces,
Cachent un homme affreux, qui veut vous égarer,
Et que l'on ne peut voir sans se déshonorer?

VALÈRE.

C'est juger par des bruits de pédants, de commères..

ARISTE.

Non, par la voix publique; elle ne trompe guères.
Géronte peut venir, et je n'ai pas le temps
De vous instruire ici de tous mes sentiments:
Mais il faut sur Cléon que je vous entretienne;
Après quoi choisissez son commerce ou sa haine.
Je sens que je vous lasse, et je m'aperçois bien,
A vos distractions, que vous ne croyez rien :
Mais, malgré vos mépris, votre bien seul m'occupe;
Il serait odieux que vous fussiez sa dupe.
L'unique grâce encor qu'attend mon amitié,
C'est que vous n'alliez point paraître si lié
Avec lui : vous verrez avec trop d'évidence
Que je n'exigeais pas une vaine prudence.
Quant au ton dont il faut ici vous présenter,
Rien, je crois, là-dessus ne doit m'inquiéter;

Vous avez de l'esprit, un heureux caractère,
De l'usage du monde, et je crois que pour plaire
Vous tiendrez plus de vous que des leçons d'autrui.
Géronte vient; allons...

SCÈNE VII.

GÉRONTE, ARISTE, VALÈRE.

GÉRONTE, d'un air fort empressé.

Eh! vraiment oui, c'est lui.
Bonjour, mon cher enfant.. Viens donc que je t'embrasse.
(à Ariste.)
Comme le voilà grand!... Ma foi, cela nous chasse.

VALÈRE.

Monsieur, en vérité...

GÉRONTE.

Parbleu! je l'ai vu là,
Je m'en souviens toujours, pas plus haut que cela;
C'était hier, je crois... Comme passe notre âge!
Mais te voilà, vraiment, un grave personnage.
(à Ariste.)
Vous voyez qu'avec lui j'en use sans façon;
C'est tout comme autrefois, je n'ai pas d'autre ton.

VALÈRE.

Monsieur c'est trop d'honneur...

GÉRONTE.

       Oh! non pas, je te prie;
N'apporte point ici l'air de cérémonie,
Regarde-toi déjà comme de la maison.
(à Ariste.)
A propos, nous comptons qu'elle entendra raison.
Oh! j'ai fait un beau bruit : c'est bien moi qu'on étonne :
La menace est plaisante! ah! je ne crains personne :
Je ne la croyai pas capable de cela.
Mais je commence à voir que tout s'apaisera,
Et que ma fermeté remettra sa cervelle.
Vous pouvez maintenant vous présenter chez elle :
Dites bien que je veux terminer aujourd'hui;
Je vais renouveler connaissance avec lui.
Allez, si l'on ne peut la résoudre à descendre,
J'irai dans un moment lui présenter son gendre.

SCÈNE VIII.

GÉRONTE, VALÈRE.

GÉRONTE.

Eh bien ? es-tu toujours vif, joyeux, amusant ?
Tu nous réjouissais.

VALÈRE.

Oh ! j'étais fort plaisant.

GÉRONTE.

Tu peux de cet air grave avec moi te défaire ;
Je t'aime comme un fils, et tu dois...

VALÈRE, à part.

Comment faire ?

Son amitié me touche.

GÉRONTE, à part.

Il paraît bien distrait.

Eh bien ?..

VALÈRE.

Assurément, monsieur... j'ai tout sujet
De chérir les bontés.

GÉRONTE.

Non ; ce ton-là m'ennuie :
Je te l'ai déjà dit, point de cérémonie.

SCÈNE IX.

CLÉON, GÉRONTE, VALÈRE.

CLÉON.

Ne suis-je pas de trop?

GÉRONTE.

Non, non, mon cher Cléon;
Venez, et partagez ma satisfaction.

CLÉON.

Je ne pouvais trop tôt renouer connaissance
Avec monsieur.

VALÈRE.

J'avais la même impatience.

CLÉON, bas, à Valère.

Comment va?

VALÈRE, bas, à Cléon.

Patience.

LE MÉCHANT.

GÉRONTE, bas, à Cléon.

Il est complimenteur ;
C'est un défaut.

CLÉON.

Sans doute ; il ne faut que le cœur.

GÉRONTE.

J'avais grande raison de prédire à ta mère
Que tu serais bien fait, noblement, sûr de plaire :
Je m'y connais, je sais beaucoup de bien de toi.
Des lettres de Paris et des gens que je croi...

VALÈRE.

On reçoit donc ici quelquefois des nouvelles ?
Les dernières, monsieur, les sait-on ?

GÉRONTE.

Qui sont-elles ?
Nous est-il arrivé quelque chose d'heureux ?
Car, quoique loin de tout, enterré dans ces lieux,
Je suis toujours sensible au bien de ma patrie :
Eh bien ! voyons donc, qu'est-ce ? apprends-moi, je te prie.

ACTE III.

VALÈRE, d'un ton précipité.

Julie a pris Damon, non qu'elle l'aime fort;
Mais il avait Phriné, qu'elle hait à la mort.
Lisidor à la fin a quitté Doralise :
Elle est bien, mais, ma foi! d'une horrible bêtise;
Déjà depuis longtemps cela devait finir,
Et le pauvre garçon n'y pouvait plus tenir.

CLÉON, bas, à Valère.

Très-bien : continuez.

VALÈRE.

J'oubliais de vous dire
Qu'on a fait des couplets sur Lucie et Delphire :
Lucie en est outrée, et ne se montre plus;
Mais Delphire a mieux pris son parti là-dessus;
On la trouve partout s'affichant de plus belle,
Et se moquant du ton, pourvu qu'on parle d'elle.
Lise a quitté le rouge, et l'on se dit tout bas
Qu'elle ferait bien mieux de quitter Licidas;
On prétend qu'il n'est pas compris dans la réforme,
Et qu'elle est seulement bégueule pour la forme.

GÉRONTE.

Quels diables de propos me tenez-vous donc là?

VALÈRE.

Quoi! Vous ne saviez pas un mot de tout cela?
On n'en dit rien ici? l'ignorance profonde!
Mais c'est, en vérité, n'être pas de ce monde;
Vous n'avez donc, monsieur, aucune liaison?
Eh mais! où vivez-vous?

GÉRONTE.

     Parbleu! dans ma maison,
M'embarrassant fort peu des intrigues frivoles
D'un tas de freluquets, d'une troupe de folles;
Aux gens que je connais paisiblement borné.
Eh! que m'importe à moi si madame Phriné
Ou madame Lucile affichent leurs folies?
Je ne m'occupe point de telles minuties.
Et laisse aux gens oisifs tous ces menus propos,
Ces puérilités, la pâture des sots.

CLÉON.

(à Géronte.)   (bas, à Valère.)
Vous avez bien raison... Courage.

ACTE III.

GÉRONTE.

Cher Valère,
Nous avons, je le vois, la tête un peu légère,
Et je sens que Paris ne t'a pas mal gâté :
Mais nous te guérirons de ta frivolité.
Ma nièce est raisonnable, et ton amour pour elle
Va rendre à ton esprit sa forme naturelle.

VALÈRE.

C'est moi, sans me flatter, qui vous corrigerai
De n'être au fait de rien, et je vous conterai...

GÉRONTE.

Je t'en dispense.

VALÈRE.

On peut vous rendre un homme aimable,
Mettre votre maison sur un ton convenable,
Vous donner l'air du monde au lieu des vieilles mœurs.
On ne vit qu'à Paris, et l'on végète ailleurs.

CLÉON.

Bas, à Valère.   Bas, à Géronte.
Ferme!... Il est singulier.

GÉRONTE.

Mais c'est de la folie.
Il faut qu'il ait...

VALÈRE.

La nièce est-elle encor jolie?

GÉRONTE.

Comment encor! je crois qu'il a perdu l'esprit;
Elle est dans son printemps, chaque jour l'embellit.

VALÈRE.

Elle était assez bien.

CLÉON, bas à Géronte.

L'éloge est assez mince.

VALÈRE.

Elle avait de beaux yeux pour des yeux de province.

GÉRONTE.

Sais-tu que je commence à m'impatienter,
Et qu'avec nous ici c'est très-mal débuter?

ACTE III.

Au lieu de témoigner l'ardeur de voir ma nièce,
Et d'en parler du ton qu'inspire la tendresse...

VALÈRE.

Vous voulez des fadeurs, de l'adoration?
Je ne me pique pas de belle passion.
Je l'aime... sensément.

GÉRONTE.

Comment donc?

VALÈRE.

Comme on aime...
Sans que la tête tourne... Elle en fera de même.
Je réserve au contrat toute ma liberté;
Nous vivrons bons amis, chacun de son côté.

CLÉON, bas, à Valère.

A merveille! appuyez.

GÉRONTE.

Ce petit train de vie
Est tout à fait touchant, et donne grande envie...

VALÈRE.

Je veux d'abord...

LE MÉCHANT.

GÉRONTE.

D'abord il faut changer de ton.

CLÉON, bas, à Valère.

Dites, pour l'achever, du mal de la maison.

GÉRONTE.

Or, écoute...

VALÈRE.

Attendez, il me vient une idée.

Il se promène au fond du théâtre, regardant de côté et d'autre, sans écouter Géronte.

GÉRONTE, à Cléon.

Quelle tête! Oh! ma foi! la noce est retardée.
Je ferais à ma nièce un fort joli présent!
Je lui veux un mari sensible, complaisant;
Et s'il veut l'obtenir (car je sens que je l'aime)
Il faut sur mes avis qu'il change son système.
Mais qu'examine-t-il?

VALÈRE.

Pas mal... cette façon...

ACTE III.

GÉRONTE.

Tu trouves bien, je crois, le goût de la maison ?
Elle est belle, en bon air ; enfin c'est mon ouvrage ;
Il faut bien embellir son petit ermitage :
J'ai de quoi te montrer pendant huit jours ici.
Mais quoi ?

VALÈRE.

Je suis à vous... En abattant ceci...

CLÉON, à Géronte.

Que parle-t-il d'abattre ?

VALÈRE.

Oh ! rien.

GÉRONTE.

Mais je l'espère.
Sachons ce qui l'occupe : est-ce donc un mystère ?

VALÈRE.

Non, c'est que je prenais quelques dimensions
Pour des ajustements, des augmentations.

GÉRONTE.

En voici bien d'une autre ! eh ! dis-moi, je te prie,

LE MÉCHANT.

Te prennent-ils souvent, tes accès de folie?

VALÈRE.

Parlons raison, mon oncle; oubliez un moment
Que vous avez tout fait, et point d'aveuglement :
Avouez, la maison est maussade, odieuse;
Je trouve tout ici d'une vieillesse affreuse :
Vous voyez...

GÉRONTE.

Que tu n'as qu'un babil importun;
De l'esprit, si l'on veut, mais pas le sens commun.

VALÈRE.

Oui... vous avez raison; il serait inutile
D'ajuster, d'embellir...

GÉRONTE, à Cléon.

Il devient plus docile;
Il change de langage.

VALÈRE.

Écoutez, faisons mieux :
En me donnant Chloé, l'objet de tous mes vœux,
Vous lui donnez vos biens, la maison?

ACTE III.

GÉRONTE.

C'est-à-dire
Après ma mort.

VALÈRE.

Vraiment, c'est tout ce qu'on désire,
Mon cher oncle ; or voici mon projet sur cela :
Un bien qu'on doit avoir est comme un bien qu'on a.
La maison est à nous, on ne peut rien en faire ;
Un jour je l'abattrais : donc il est nécessaire,
Pour jouir tout à l'heure et pour en voir la fin,
Qu'aujourd'hui marié, je bâtisse demain.
J'aurai soin...

GÉRONTE.

De partir : ce n'était pas la peine
De venir m'ennuyer.

CLÉON, bas, à Géronte.

Sa folie est certaine.

GÉRONTE.

Et quant à vos beaux plans et vos dimensions,
Faites bâtir pour vous aux Petites-Maisons.

VALÈRE.

Parce que pour nos biens je prends quelques mesures,

Mon cher oncle se fâche, et me dit des injures !

GÉRONTE.

Oui, va, je t'en réponds, mon cher oncle! oh! parbleu,
La peste emporterait jusqu'au dernier neveu,
Je ne te prendrais pas pour rétablir l'espèce.

VALÈRE, à Cléon.

Par malheur j'ai du goût ; l'air maussade me blesse ;
Et monsieur ne veut rien changer dans sa façon !
Sous prétexte qu'il est maître de la maison,
Il prétend...

GÉRONTE.

Je prétends n'avoir point d'autre maître.

CLÉON.

Sans doute.

VALÈRE.

Mais, monsieur, je ne prétends pas l'être.

A Cléon.

Faites ici ma paix ; je ferai ce qu'il faut...
Arrangez tout, je vais faire ma cour là-haut.

SCÈNE X.

GÉRONTE, CLÉON.

GÉRONTE.

A-t-on vu quelque part un fonds d'impertinences
De cette force-là?

CLÉON.

Si sur les apparences...

GÉRONTE.

Où diable preniez-vous qu'il avait de l'esprit?
C'est un original qui ne sait ce qu'il dit,
Un de ces merveilleux gâtés par des *cuillettes*,
Ni goût, ni jugement, un tissu de sornettes,
Et monsieur celui-ci, madame celle-là,
Des riens, des airs, du vent, en trois mots le voilà.
Ma foi, sauf votre avis....

CLÉON.

Je m'en rapporte au vôtre;
Vous vous y connaissez tout aussi bien qu'un autre :
Prenez qu'on m'a surpris et que je n'ai rien dit;

Après tout je n'ai fait que rendre le récit
De gens qu'il voit beaucoup ; moi, qui ne le vois guère
Qu'en passant, j'ignorais le fond du caractère.

GÉRONTE.

Oh ! sur parole ainsi ne louons point les gens :
Avant que de louer j'examine longtemps ;
Avant que de blâmer, même cérémonie :
Aussi connais-je bien mon monde ; et je défie,
Quand j'ai toisé mes gens, qu'on m'en impose en rien.
Autrefois j'ai tant vu, soit en mal, soit en bien,
De réputations contraires aux personnes,
Que je n'en admets plus ni mauvaises ni bonnes ;
Il faut y voir soi-même ; et, par exemple, vous,
Si je les en croyais, ne disent-ils pas tous
Que vous êtes méchant ? ce langage m'assomme :
Je vous ai bien suivi, je vous trouve bon homme.

CLÉON.

Vous avez dit le mot ; et la méchanceté
N'est qu'un nom odieux par les sots inventé ;
C'est là, pour se venger, leur formule ordinaire :
Dès qu'on est au-dessus de leur petite sphère,
Que, de peur d'être absurde, on fronde leur avis,
Et qu'on ne rampe pas comme eux ; fâchés, aigris,

Furieux contre vous, ne sachant que répondre,
Croyant qu'on les remarque, et qu'on veut les confondre :
Un tel est très-méchant, vous disent-ils tout bas ;
Et pourquoi? c'est qu'un tel a l'esprit qu'ils n'ont pas.

Un laquais arrive.

GÉRONTE.

Eh bien! qu'est-ce?

LE LAQUAIS.

Monsieur, ce sont vos lettres.

GÉRONTE.

Donne.

Cela suffit.

Le laquais sort.

Voyons... Ah! celle-ci m'étonne...
Quelle est cette écriture?... Oui-da! j'allais vraiment
Faire une belle affaire! Oh! je crois aisément
Tout ce qu'on dit de lui, la matière est féconde :
Je vois qu'il est encor des amis dans le monde.

CLÉON.

Que vous mande-t-on? Qui!

GÉRONTE.

Je ne sais pas qui c'est ;

Quelqu'un sans se nommer, sans aucun intérêt...
Mais je ne sais s'il faut vous montrer cette lettre :
On parle mal de vous.

CLÉON.

De moi ! daignez permettre...

GÉRONTE.

C'est peu de chose ; mais...

CLÉON.

Voyons : je ne veux pas
Que sur mes procédés vous ayez d'embarras,
Qu'il soit aucun soupçon, ni le moindre nuage.

CLÉON.

Ne craignez rien ; sur vous je ne prends nul ombrage :
Vous pensez comme moi sur ce plat freluquet :
Tenez, vous allez voir l'éloge qu'on en fait.

CLÉON lit.

« J'apprends, monsieur, que vous donnez votre nièce
» à Valère : vous ignorez apparemment que c'est un
» libertin, dont les affaires sont très-dérangées, et le
» courage fort suspect. Un ami de sa mère, dont on ne
» m'a pas dit le nom, s'est fait le médiateur de ce ma-

» riage, et vous sacrifie. Il m'est revenu aussi que Cléon
» est fort lié avec Valère; prenez garde que ses conseils
» ne vous embarquent dans une affaire qui ne peut que
» vous faire tort de toute façon. »

GÉRONTE.

Eh bien! qu'en dites-vous?

CLÉON.

Je dis, et je le pense,
Que c'est quelque noirceur sous l'air de confidence.
Pourquoi cacher son nom?
Il déchire la lettre.

GÉRONTE.

Comment? vous déchirez...

CLÉON.

Oui... Qu'en voulez-vous faire?

GÉRONTE.

Et vous conjecturez
Que c'est quelque ennemi; qu'on en veut à Valère?

CLÉON.

Mais je n'assure rien : dans toute cette affaire
Me voilà suspect, moi, puisqu'on me dit lié...

LE MÉCHANT.

GÉRONTE.

Je ne crois pas un mot d'une telle amitié.

CLÉON.

Le mieux sera d'agir selon votre système ;
N'en croyez point autrui, jugez tout par vous-même.
Je veux croire qu'Ariste est honnête homme, mais...
Votre écrivain peut-être... Enfin sachez les faits,
Sans humeur, sans parler de l'avis qu'on vous donne :
Soit calomnie ou non, la lettre est toujours bonne.
Quant à vos sûretés, rien encor n'est signé :
Voyez, examinez...

GÉRONTE.

            Tout est examiné :
Je renverrai mon fat, et mon affaire est faite.
Il vient... proposez-lui de hâter sa retraite ;
Deux mots : je vous attends.

SCÈNE XI.

CLÉON, VALÈRE, d'un air rêveur.

CLÉON, fort vite, et à demi-voix.

Vous êtes trop heureux;
Géronte vous déteste : il s'en va furieux;
Il m'attend, je ne puis vous parler davantage;
Mais ne craignez plus rien sur votre mariage.

SCÈNE XII.

VALÈRE.

Je ne sais où j'en suis, ni ce que je résous.
Ah! qu'un premier amour a d'empire sur nous!
J'allais braver Chloé par mon étourderie :
La braver! j'aurais fait le malheur de ma vie;
Ses regards ont changé mon âme en un moment;
Je n'ai pu lui parler qu'avec saisissement.
Que j'étais pénétré! que je la trouve belle!
Que cet air de douceur, et noble et naturelle,
A bien renouvelé cet instinct enchanteur,
Ce sentiment si pur, le premier de mon cœur!
Ma conduite à mes yeux me pénètre de honte.
Pourrai-je réparer mes torts près de Géronte?
Il m'aimait autrefois; j'espère mon pardon.
Mais comment avouer mon amour à Cléon?
Moi sérieusement amoureux!... Il n'importe :
Qu'il m'en plaisante ou non, ma tendresse l'emporte.
Je ne vois que Chloé... Si j'avais pu prévoir...
Allons tout réparer : je suis au désespoir.

ACTE QUATRIÈME.

SCÈNE PREMIÈRE.

CHLOÉ, LISETTE.

LISETTE.

Eh quoi ! mademoiselle, encor cette tristesse !
Comptez sur moi, vous dis-je ; allons, point de faiblesse.

CHLOÉ.

Que les hommes sont faux ! et qu'ils savent, hélas !
Trop bien persuader ce qu'ils ne sentent pas !
Je n'aurais jamais cru l'apprendre par Valère :
Il revient, il me voit, il semblait vouloir plaire ;
Son trouble lui prêtait de nouveaux agréments,

Ses yeux semblaient répondre à tous mes sentiments ;
Le croiras-tu, Lisette, et qu'y puis-je comprendre?
Cet amant adoré que je croyais si tendre,
Oui, Valère, oubliant ma tendresse et sa foi,
Valère me méprise !... il parle mal de moi.

LISETTE.

Il en parle très-bien ; je le sais, je vous jure.

CHLOÉ.

Je le tiens de mon oncle, et ma peine est trop sûre :
Tout est rompu ; je suis dans un chagrin mortel.

LISETTE.

Ouais ! tout ceci me passe, et n'est pas naturel ;
Valère vous adore, et fait cette équipée !
Je vois là du Cléon, ou je suis bien trompée.
Mais il faut par vous-même entendre votre amant ;
Je vous ménagerai cet éclaircissement
Sans que dans mon projet Florise nous dérange :
Ma foi ; je lui prépare un tour assez étrange,
Qui l'occupera trop pour avoir l'œil sur vous.
Le moment est heureux ; tous les noms les plus doux
Ne reviennent-ils pas ? c'est *ma chère Lisette*,
Mon enfant... On m'écoute, on me trouve parfaite ;

Tantôt on ne pouvait me souffrir : à présent,
Vu que pour terminer, Géronte est moins pressant,
Elle est d'une gaieté, d'une folie extrême :
Moi, je vais profiter de l'instant où l'on m'aime,
Dès qu'à tous ses propos Cléon aura mis fin :
Il *est délicieux, incroyable, divin;*
Cent autres petits mots qu'elle redit sans cesse.
Ces noms dureront peu, comptez sur ma promesse.
Géronte le demande; on le dit en fureur :
Mais je compte guérir le frère par la sœur.

CHLOÉ.

Eh! que fait Valère?

LISETTE.

Ah! j'oubliois de vous dire
Qu'il est à sa toilette, et cela doit détruire
Vos soupçons mal fondés; car vous concevez bien
Que, s'il va se parer, ce soin n'est pas pour rien.
Ariste est avec lui, j'en tire bon augure.
Pour Valère et Cléon, quoique je sois bien sûre
Qu'ils se connaissent fort, ils s'évitent tous deux :
Serait-ce intelligence ou brouillerie entre eux?
Je le démêlerai, quoiqu'il soit difficile...
Votre mère descend; allez, soyez tranquille.

SCÈNE II.

LISETTE.

Moi, tout ceci me donne une peine, un tourment!...
N'importe si mes soins tournent heureusement.
Mais que prétend Ariste? et pour quelle aventure
Veut-il que je lui fasse avoir de l'écriture
De Frontin? Comment faire? Et puis d'ailleurs Frontin
Au plus signe son nom, et n'est pas écrivain.

SCÈNE III.

FLORISE, LISETTE.

FLORISE.

Eh bien, Lisette?

LISETTE.

Eh bien, madame?

ACTE IV.

FLORISE.

Es-tu contente?

LISETTE.

Mais, madame, pas trop : ce couvent m'épouvante.

FLORISE.

Pour y suivre Chloé je destine Marton ;
Tu resteras ici. Je parlais de Cléon.
Dis-moi, n'en es-tu pas extrêmement contente?
Ai-je tort de défendre un esprit qui m'enchante?
J'ai bien vu tout à l'heure (et ton goût me plaisait)
Que tu t'amusais fort de tout ce qu'il disait :
Conviens qu'il est charmant; et laisse, je te prie,
Tous les petits discours que fait tenir l'envie.

LISETTE.

Moi, madame! eh, mon Dieu! je n'aimerais rien tant
Que d'en croire du bien : vous pensez sensément;
Et, si vous persistez à le juger de même,
Si vous l'aimez toujours, il faut bien que je l'aime.

FLORISE.

Ah! tu l'aimeras donc; je te jure aujourd'hui
Que de tout l'univers je n'estime que lui :

Cléon a tous les tons, tous les esprits ensemble ;
Il est toujours nouveau : tout le reste me semble
D'une misère affreuse, ennuyeux à mourir ;
Et je rougis des gens qu'on me voyait souffrir.

LISETTE.

Vous avez bien raison : quand on a l'avantage
D'avoir mieux rencontré, le parti le plus sage
Est de s'y tenir; mais...

FLORISE.

Quoi?

LISETTE.

Rien.

FLORISE.

Je veux savoir...

LISETTE.

Non.

FLORISE.

Je l'exige.

LISETTE.

Eh bien !... J'ai cru m'apercevoir
Qu'il n'avait pas pour vous tout le goût qu'il vous marque ;

ACTE IV.

Il me parle souvent, et souvent je remarque
Qu'il a, quand je vous loue, un air embarrassé :
Et sur certains discours si je l'avais poussé...

FLORISE.

Chimère ! il faut pourtant éclaircir ce nuage ;
Il est vrai que Chloé me donne quelque ombrage,
Et que c'est à dessein de l'éloigner de lui
Qu'à la mettre au couvent je m'apprête aujourd'hui :
Toi, fais causer Cléon, et que je puisse apprendre...

LISETTE.

Je voudrais qu'en secret vous vinssiez nous entendre ;
Vous ne m'en croiriez pas.

FLORISE.

    Quelle folie !

LISETTE.

        Oh ! non.
Il faut s'aider de tout dans un juste soupçon ;
Si ce n'est pas pour vous, que ce soit pour moi-même ;
J'ai l'esprit défiant : vous voulez que je l'aime,
Et je ne puis l'aimer comme je le prétends
Que quand nous aurons fait l'épreuve où je l'attends.

FLORISE.

Mais comment ferions-nous?

LISETTE.

Ah! rien n'est plus facile :
C'est avec moi tantôt que vous verrez son style ;
Faux ou vrai, bien ou mal, il s'expliquera là.
Vous avez vu souvent qu'au moment où l'on va
Se promener ensemble au bois, à la prairie,
Cléon ne part jamais avec la compagnie ;
Il reste à me parler, à me questionner :
Et de ce cabinet vous pourriez vous donner
Le plaisir de l'entendre appuyer ou détruire...

FLORISE.

Tout ce que tu voudras ; je ne veux que m'instruire
Si Cléon pour ma fille a le goût que je croi :
Mais je ne puis penser qu'il parle mal de moi.

LISETTE.

Eh bien! c'est de ma part une galanterie ;
L'éloge des absents se fait sans flatterie.
Il faudra que sur vous, dans tout cet entretien,
Je dise un peu de mal, dont je ne pense rien,
Pour lui faire beau jeu.

FLORISE.

Je te le passe encore.

LISETTE.

S'il trompe mon attente, oh! ma foi, je l'adore.

FLORISE, voyant venir Ariste et Valère.

Encor monsieur Ariste avec son protégé!
Je voudrais bien tous deux qu'ils prissent leur congé;
Mais ils ne sentent rien; laissons-les.

SCÈNE IV.

ARISTE; VALÈRE, paré.

VALÈRE.

On m'évite;

O ciel! je suis perdu.

ARISTE.

Réglez votre conduite

Sur ce que je vous dis, et fiez-vous à moi
Du soin de mettre fin au trouble où je vous voi :
Soyez-en sûr, j'ai fait demander à Géronte
Un moment d'entretien ; et c'est sur quoi je compte.
Je vais de l'amitié joindre l'autorité
Au ton de la franchise et de la vérité,
Et nous éclaircirons ce qui nous embarrasse.

VALÈRE.

Mais il a, par malheur, fort peu d'esprit.

ARISTE.

De grâce,
Le connaissez-vous ?

VALÈRE.

Non ; mais je vois ce qu'il est :
D'ailleurs, ne juge-t-on que ceux que l'on connaît ?
La conversation deviendrait fort stérile ;
J'en sais assez pour voir que c'est un imbécile.

ARISTE.

Vous retombez encore, après m'avoir promis
D'éloigner de votre air et de tous vos avis
Cette méchanceté qui vous est étrangère ;

Eh! pourquoi s'opposer à son bon caractère?
Tenez, devant vos gens je n'ai pu librement
Vous parler de Cléon : il faut absolument
Rompre...

VALÈRE.

Que je me donne un pareil ridicule!
Rompre avec un ami!

ARISTE.

Que vous êtes crédule!
On entre dans le monde, on en est enivré,
Au plus frivole accueil on se croit adoré;
On prend pour des amis de simples connaissances:
Et que de repentirs suivent ces imprudences!
Il faut pour votre honneur que vous y renonciez.
On vous juge d'abord par ceux que vous voyez :
Ce préjugé s'étend sur votre vie entière;
Et c'est des premiers pas que dépend la carrière.
Débuter par ne voir qu'un homme diffamé!

VALÈRE.

Je vous réponds, monsieur, qu'il est très-estimé :
Il a les ennemis que nous fait le mérite;
D'ailleurs on le consulte, on l'écoute, on le cite :

Aux spectacles surtout il faut voir le crédit
De ses décisions, le poids de ce qu'il dit;
Il faut l'entendre après une pièce nouvelle;
Il règne; on l'environne; il prononce sur elle;
Et son autorité, malgré les protecteurs,
Pulvérise l'ouvrage et les admirateurs.

ARISTE.

Mais vous le condamnez en croyant le défendre :
Est-ce bien là l'emploi qu'un bon esprit doit prendre?
L'orateur des foyers et des mauvais propos!
Quels titres sont les siens? l'insolence et des mots,
Des applaudissements, le respect idolâtre
D'un essaim d'étourdis, chenilles du théâtre,
Et qui, venant toujours grossir le tribunal
Du bavard imposant qui dit le plus de mal,
Vont semer d'après lui l'ignoble parodie
Sur les fruits les talents et des dons du génie :
Cette audace d'ailleurs, cette présomption
Qui prétend tout ranger à sa décision,
Est d'un fat ignorant la marque la plus sûre :
L'homme éclairé suspend l'éloge et la censure;
Il sait que sur les arts, les esprits, et les goûts,
Le jugement d'un seul n'est point la loi de tous;

Qu'attendre est pour juger la règle la meilleure,
Et que l'arrêt public est le seul qui demeure.

VALÈRE.

Il est vrai ; mais enfin Cléon est respecté,
Et je vois les rieurs toujours de son côté.

ARISTE.

De si honteux succès ont-ils de quoi vous plaire?
Du rôle de plaisant connaissez la misère :
J'ai rencontré souvent de ces gens à bons mots,
De ces hommes charmants qui n'étaient que des sots ;
Malgré tous les efforts de leur petite envie,
Une froide épigramme, une bouffonnerie,
A ce qui vaut mieux qu'eux n'ôtera jamais rien,
Et, malgré les plaisants, le bien est toujours bien.
J'ai vu d'autres méchants d'un grave caractère,
Gens laconiques, froids, à qui rien ne peut plaire ;
Examinez-les bien, un ton sentencieux
Cache leur nullité sous un air dédaigneux :
Cléon souvent aussi prend cet air d'importance,
Il veut être méchant jusque dans son silence ;
Mais qu'il se taise ou non, tous les esprits bien faits
Sauront le mépriser jusque dans ses succès.

LE MÉCHANT.

VALÈRE.

Lui refuseriez-vous l'esprit? j'ai peine à croire...

ARISTE.

Mais à l'esprit méchant je ne vois point de gloire :
Si vous saviez combien cet esprit est aisé,
Combien il en faut peu, comme il est méprisé !
Le plus stupide obtient la même réussite :
Eh ! pourquoi tant de gens ont-ils ce plat mérite?
Stérilité de l'âme, et de ce naturel
Agréable, amusant, sans bassesse et sans fiel.
On dit l'esprit commun ; par son succès bizarre,
La méchanceté prouve à quel point il est rare :
Ami du bien, de l'ordre et de l'humanité,
Le véritable esprit marche avec la bonté.
Cléon n'offre à nos yeux qu'une fausse lumière :
La réputation des mœurs est la première ;
Sans elle, croyez-moi, tout succès est trompeur,
Mon estime toujours commence par le cœur ;
Sans lui l'esprit n'est rien ; et, malgré vos maximes,
Il produit seulement des erreurs et des crimes.
Fait pour être chéri, ne serez-vous cité
Que pour le complaisant d'un homme détesté?

ACTE IV.

VALÈRE.

Je vois tout le contraire, on le recherche, on l'aime;
Je voudrais que chacun me détestât de même:
On se l'arrache au moins; je l'ai vu quelquefois
A des soupers divins retenu pour un mois;
Quand il est à Paris il ne peut y suffire:
Me direz-vous qu'on hait un homme qu'on désire?

ARISTE.

Que dans ses procédés l'homme est inconséquent!
On recherche un esprit dont on hait le talent,
On applaudit aux traits du méchant qu'on abhorre;
Et, loin de le proscrire, on l'encourage encore.
Mais convenez aussi qu'avec ce mauvais ton,
Tous ces gens, dont il est l'oracle ou le bouffon,
Craignent pour eux le sort des absents qu'il leur livre,
Et que tous avec lui seraient fâchés de vivre:
On le voit une fois, il peut être applaudi;
Mais quelqu'un voudrait-il en faire son ami?

VALÈRE.

On le craint, c'est beaucoup.

ARISTE.

Mérite pitoyable!

Pour les esprits sensés est-il donc redoutable?
C'est ordinairement à de faibles rivaux
Qu'il adresse les traits de ses mauvais propos.
Quel honneur trouvez-vous à poursuivre, à confondre,
A désoler quelqu'un qui ne peut vous répondre?
Ce triomphe honteux de la méchanceté
Réunit la bassesse et l'inhumanité.
Quand sur l'esprit d'un autre on a quelque avantage,
N'est-il pas plus flatteur d'en mériter l'hommage,
De voiler, d'enhardir la faiblesse d'autrui,
Et d'en être à la fois et l'amour et l'appui?

VALÈRE.

Qu'elle soit un peu plus, un peu moins vertueuse,
Vous m'avouerez du moins que sa vie est heureuse.
On épuise bientôt une société;
On sait tout votre esprit, vous n'êtes plus fêté
Quand vous n'êtes plus neuf; il faut une autre scène
Et d'autres spectateurs : il passe, il se promène
Dans les cercles divers, sans gêne, sans lien;
Il a la fleur de tout, n'est esclave de rien...

ARISTE.

Vous le croyez heureux? Quelle âme méprisable!
Si c'est là son bonheur, c'est être misérable,

ACTE IV.

Étranger au milieu de la société,
Et partout fugitif, et partout rejeté.
Vous connaîtrez bientôt par votre expérience
Que le bonheur du cœur est dans la confiance.
Un commerce de suite avec les mêmes gens,
L'union des plaisirs, des goûts, des sentiments,
Une société peu nombreuse, et qui s'aime,
Où vous pensez tout haut, où vous êtes vous-même,
Sans lendemain, sans crainte, et sans malignité,
Dans le sein de la paix et de la sûreté :
Voilà le seul bonheur honorable et paisible
D'un esprit raisonnable, et d'un cœur né sensible.
Sans amis, sans repos, suspect et dangereux,
L'homme frivole et vague est déjà malheureux ;
Mais jugez avec moi combien l'est davantage
Un méchant affiché, dont on craint le passage ;
Qui traînant avec lui les rapports, les horreurs,
L'esprit de fausseté, l'art affreux des noirceurs ;
Abhorré, méprisé, couvert de d'ignominie,
Chez les honnêtes gens demeure sans patrie.
Voilà le vrai proscrit, et vous le connaissez.

VALÈRE.

Je ne le verrais plus si ce que vous pensez

Allait m'être prouvé ; mais on outre les choses ;
C'est donner à des riens les plus horribles causes.
Quant à la probité, nul ne peut l'accuser ;
Ce qu'il dit, ce qu'il fait n'est que pour s'amuser.

ARISTE.

S'amuser, dites-vous? Quelle erreur est la vôtre !
Quoi ! vendre tour à tour, immoler l'une à l'autre
Chaque société, diviser les esprits,
Aigrir des gens brouillés, ou brouiller des amis,
Calomnier, flétrir des femmes estimables,
Faire du mal d'autrui ses plaisirs détestables ;
Ce germe d'infamie et de perversité
Est-il dans la même âme avec la probité?
Et parmi vos amis vous souffrez qu'on le nomme?

VALÈRE.

Je ne le connais plus s'il n'est point honnête homme :
Mais il me reste un doute ; avec trop de bonté
Je crains de me piquer de singularité :
Sans condamner l'avis de Cléon, ni le vôtre,
J'ai l'esprit de mon siècle, et je suis comme un autre.
Tout le monde est méchant ; et je serais partout
Ou dupe, ou ridicule avec un autre goût.

ACTE IV.

ARISTE.

Tout le monde est méchant? oui, ces cœurs haïssables,
Ce peuple d'hommes faux, de femmes, d'agréables,
Sans principes, sans mœurs, esprits bas et jaloux,
Qui se rendent justice en se méprisant tous.
En vain ce peuple affreux, sans frein et sans scrupule,
De la bonté du cœur veut faire un ridicule;
Pour chasser ce nuage, et voir avec clarté
Que l'homme n'est point fait pour la méchanceté,
Consultez, écoutez pour juges, pour oracles,
Les hommes rassemblés; voyez à nos spectacles,
Quand on peint quelque trait de candeur, de bonté,
Où brille en tout son jour la tendre humanité,
Tous les cœurs sont remplis d'une volupté pure,
Et c'est là qu'on entend le cri de la nature.

VALÈRE.

Vous me persuadez.

ARISTE.

Vous ne réussirez
Qu'en suivant ces conseils; soyez bon, vous plairez;
Si la raison ici vous a plu dans ma bouche,
Je le dois à mon cœur, que votre intérêt touche.

VALÈRE.

Géronte vient : calmez son esprit irrité,
Et comptez pour toujours sur ma docilité.

SCÈNE V.

GÉRONTE, ARISTE, VALÈRE.

GÉRONTE.

Le voilà bien paré ! ma foi, c'est grand dommage
Que vous ayez ici perdu votre étalage !

VALÈRE.

Cessez de m'accabler, monsieur, et par pitié
Songez qu'avant ce jour j'avais votre amitié.
Par l'erreur d'un moment ne jugez point ma vie.
Je n'ai qu'une espérance, ah ! m'est-elle ravie ?
Sans l'aimable Chloé je ne puis être heureux :
Voulez-vous mon malheur ?

GÉRONTE.

     Elle a d'assez beaux yeux...
Pour des yeux de province.

ACTE IV.

VALÈRE.

Ah! laissez là, de grâce,
Des torts que pour toujours mon repentir efface :
Laissez un souvenir...

GÉRONTE.

Vous-même laissez-nous.
Monsieur veut me parler. Au reste arrangez-vous
Tout comme vous voudrez, vous n'aurez point ma nièce.

VALÈRE.

Quand j'abjure à jamais ce qu'un moment d'ivresse...

GÉRONTE.

Oh! pour rompre, vraiment, j'ai bien d'autres raisons.

VALÈRE.

Quoi donc?

GÉRONTE.

Je ne dis rien : mais sans tant de façons
Laissez-nous, je vous prie, ou bien je me retire.

VALÈRE.

Non, monsieur, j'obéis... A peine je respire...
Ariste, vous savez mes vœux et mes chagrins,
Décidez de mes jours, leur sort est dans vos mains.

SCÈNE VI.

GÉRONTE, ARISTE.

ARISTE.

Vous le traitez bien mal; je ne vois pas quel crime...

GÉRONTE.

A la bonne heure; il peut obtenir votre estime;
Vous avez vos raisons apparemment; et moi
J'ai les miennes aussi; chacun juge pour soi.
Je crois, pour votre honneur, que du petit Valère
Vous pouviez ignorer le mauvais caractère.

ARISTE.

Ce ton-là m'est nouveau; jamais votre amitié
Avec moi jusqu'ici ne l'avait employé.

GÉRONTE.

Que diable voulez-vous? Quelqu'un qui me conseille
De m'empêtrer ici d'une espèce pareille
M'aime-t-il? Vous voulez que je trouve parfait
Un petit suffisant qui n'a que du caquet,

D'ailleurs mauvais esprit, qui décide, qui fronde,
Parle bien de lui-même, et mal de tout le monde?

ARISTE.

Il est jeune, il peut être indiscret, vain, léger;
Mais, quand le cœur est bon, tout peut se corriger.
S'il vous a révolté par une extravagance,
Quoique sur cet article il s'obstine au silence,
Vous devez moins, je crois, vous en prendre à son cœur,
Qu'à de mauvais conseils, dont on saura l'auteur.
Sur la méchanceté vous lui rendrez justice :
Valère a trop d'esprit pour ne pas fuir ce vice.
Il peut en avoir eu l'apparence et le ton
Par vanité, par air, par indiscrétion;
Mais de ce caractère il a vu la bassesse :
Comptez qu'il est bien né, qu'il pense avec noblesse...

GÉRONTE.

Il fait donc l'hypocrite avec vous : en effet,
Il lui manquait ce vice, et le voilà parfait.
Ne me contraignez pas d'en dire davantage;
Ce que je sais de lui...

ARISTE.

Cléon...

GÉRONTE.

Encor! J'enrage :
Vous avez la fureur de mal penser d'autrui ;
Qu'a-t-il à faire là? Vous parlez mal de lui
Tandis qu'il vous estime et qu'il vous justifie.

ARISTE.

Moi! me justifier! eh! de quoi, je vous prie?

GÉRONTE.

Enfin...

ARISTE.

Expliquez-vous, ou je romps pour jamais.
Vous ne m'estimez plus, si des soupçons secrets...

GÉRONTE.

Tenez, voilà Cléon, il pourra vous apprendre,
S'il veut, des procédés que je ne puis comprendre.
C'est de mon amitié faire bien peu de cas...
Je sors... car je dirais ce que je ne veux pas...

SCÈNE VII.

CLÉON, ARISTE.

ARISTE.

M'apprendrez-vous, monsieur, quelle odieuse histoire
Me brouille avec Géronte, et quelle âme assez noire...

CLÉON.

Vous n'êtes pas brouillés; amis de tous les temps,
Vous êtes au-dessus de tous les différents :
Vous verrez simplement que c'est quelque nuage;
Cela finit toujours par s'aimer davantage.
Géronte a sur le cœur nos persécutions
Sur un parti qu'en vain vous et moi conseillons.
Moi, j'aime fort Valère, et je vois avec peine
Qu'il se soit annoncé par donner une scène;
Mais, soit dit entre nous, peut-on compter sur lui?
A bien examiner ce qu'il fait aujourd'hui,
On imaginerait qu'il détruit notre ouvrage,
Qu'il agit sourdement contre son mariage;
Il veut, il ne veut plus : sait-il ce qu'il lui faut?
Il est près de Chloé, qu'il refusait tantôt.

ARISTE.

Tout serait expliqué si l'on cessait de nuire,
Si la méchanceté ne cherchait à détruire...

CLÉON.

Oh bon! quelle folie! Etes-vous de ces gens
Soupçonneux, ombrageux? croyez-vous aux méchants?
Et réalisez-vous cet être imaginaire,
Ce petit préjugé qui ne va qu'au vulgaire?
Pour moi, je n'y crois pas : soit dit sans intérêt,
Tout le monde est méchant, et personne ne l'est;
On reçoit et l'on rend; on est à peu près quitte :
Parlez-vous des propos? comme il n'est ni mérite,
Ni goût, ni jugement qui ne soit contredit,
Que rien n'est vrai sur rien, qu'importe ce qu'on dit?
Tel sera mon héros, et tel sera le vôtre.
L'aigle d'une maison n'est qu'un sot dans une autre.
Je dis ici qu'Éraste est un mauvais plaisant;
Eh bien! on dit ailleurs qu'Éraste est amusant.
Si vous parlez des faits et des tracasseries,
Je n'y vois dans le fond que des plaisanteries;
Et si vous attachez du crime à tout cela,
Beaucoup d'honnêtes gens sont de ces fripons-là.
L'agrément couvre tout, il rend tout légitime :

Aujourd'hui dans le monde on ne connaît qu'un crime,
C'est l'ennui; pour le fuir tous les moyens sont bons;
Il gagnerait bientôt les meilleures maisons
Si l'on s'aimait si fort; l'amusement circule
Par les préventions, les torts, le ridicule;
Au reste chacun parle et fait comme il l'entend.
Tout est mal, tout est bien, tout le monde est content.

ARISTE.

On n'a rien à répondre à de telles maximes :
Tout est indifférent pour les âmes sublimes.
Le plaisir, dites-vous, y gagne; en vérité,
Je n'ai vu que l'ennui chez la méchanceté :
Ce jargon éternel de la froide ironie,
L'air de dénigrement, l'aigreur, la jalousie,
Ce ton mystérieux, ces petits mots sans fin,
Toujours avec un air qui voudrait être fin;
Ces indiscrétions, ces rapports infidèles,
Ces basses faussetés, ces trahisons cruelles;
Tout cela n'est-il pas, à le bien définir,
L'image de la haine, et la mort du plaisir?
Aussi ne voit-on plus où sont ces caractères,
L'aisance, la franchise, et les plaisirs sincères.
On est en garde, on doute enfin si l'on rira;

L'esprit qu'on veut avoir gâte celui qu'on a.
De la joie et du cœur on perd l'heureux langage
Pour labsurde talent d'un triste persifflage.
Faut-il donc s'ennuyer pour être du bon air?
Mais, sans perdre en discours un temps qui nous est cher,
Venons au fait, monsieur; connaissez ma droiture :
Si vous êtes ici, comme on le conjecture,
L'ami de la maison; si vous voulez le bien,
Allons trouver Géronte, et qu'il ne cache rien :
Sa défiance ici tous deux nous déshonore.
Je lui révélerai des choses qu'il ignore;
Vous serez notre juge : allons, secondez-moi,
Et soyons tous trois sûrs de notre bonne foi.

CLÉON.

Une explication! en faut-il quand on s'aime?
Ma foi, laissez tomber tout cela de soi-même.
Me mêler là-dedans!... ce n'est pas mon avis :
Souvent un tiers se brouille avec les deux partis;
Et je crains... Vous sortez? Mais vous me faites rire.
De grâce, expliquez-moi...

ARISTE.

Je n'ai rien à vous dire.

SCÈNE VIII.

CLÉON, ARISTE, LISETTE.

LISETTE.

Messieurs, on vous attend dans le bois.

ARISTE, bas, à Lisette, en sortant.

Songe au moins...

LISETTE, bas, à Ariste.

Silence.

SCÈNE IX.

CLÉON, LISETTE.

CLÉON.

Heureusement nous voilà sans témoins :
Achève de m'instruire, et ne fais aucun doute...

LISETTE.

Laissez-moi voir d'abord si personne n'écoute

Par hasard à la porte, ou dans ce cabinet :
Quelqu'un des gens pourrait entendre mon secret.

CLÉON, seul.

La petite Chloé, comme me dit Lisette,
Pourrait vouloir de moi ! l'aventure est parfaite :
Feignons; c'est à Valère assurer son refus,
Et tourmenter Florise est un plaisir de plus.

LISETTE, à part, en revenant.

Tout va bien.

CLÉON.

Tu me vois dans la plus douce ivresse;
Je l'aimais sans oser lui dire ma tendresse.
Sonde encor ses désirs : s'ils répondent aux miens,
Dis-lui que dès longtemps j'ai prévenu les siens.

LISETTE.

Je crains pourtant toujours.

CLÉON.

Quoi ?

LISETTE.

Ce goût pour madame.

ACTE IV.

CLÉON.

Si tu n'as pour raison que cette belle flamme...
Je te l'ai déjà dit; non, je ne l'aime pas.

LISETTE.

Ma foi, ni moi non plus. Je suis dans l'embarras,
Je veux sortir d'ici, je ne saurais m'y plaire :
Ce n'est pas pour monsieur; j'aime son caractère,
Il est assez bon maître, et le même en tous temps,
Bon homme...

CLÉON.

Oui, les bavards sont toujours bonnes gens.

LISETTE.

Pour madame... Oh! d'honneur... Mais je crains ma
franchise :
Si vous redeveniez amoureux de Florise...
Car vous l'avez été sûrement, et je croi...

CLÉON.

Moi, Lisette, amoureux! tu te moques de moi :
Je ne me le suis cru qu'une fois en ma vie.
J'eus Araminte un mois; elle était très-jolie,
Mais coquette à l'excès; cela m'ennuyait fort :

Elle mourut, je fus enchanté de sa mort.
Il faut, pour m'attacher, une âme simple et pure,
Comme Chloé, qui sort des mains de la nature,
Faite pour allier les vertus aux plaisirs,
Et mériter l'estime en donnant des désirs ;
Mais madame Florise !...

LISETTE.

Elle est insupportable ;
Rien n'est bien : autrefois je la croyais aimable,
Je ne la trouvais pas difficile à servir ;
Aujourd'hui, franchement, on n'y peut plus tenir ;
Et pour rester ici j'y suis trop malheureuse.
Comment la trouvez-vous ?

CLÉON.

Ridicule, odieuse...
L'air commun, qu'elle croit avoir noble pourtant ;
Ne pouvant se guérir de se croire une enfant :
Tant de prétentions, tant de petites grâces,
Que je mets, vu leur date, au nombre des grimaces ;
Tout cela dans le fond m'ennuie horriblement ;
Une femme qui fuit le monde en enrageant,
Parce qu'on n'en veut plus, et se croit philosophe ;

Qui veut être méchante, et n'en a pas l'étoffe;
Courant après l'esprit, ou plutôt se parant
De l'esprit répété qu'elle attrape en courant;
Jouant le sentiment : il faudrait, pour lui plaire,
Tous les menus propos de la vieille Cythère,
Ou sans cesse essuyer des scènes de dépit,
Des fureurs sans amour, de l'humeur sans esprit;
Un amour-propre affreux, quoique rien ne soutienne...

LISETTE.

Au fond je ne vois pas ce qui la rend si vaine.

CLÉON.

Quoiqu'elle garde encor des airs sur la vertu,
De grands mots sur le cœur, qui n'a-t-elle pas eu?
Elle a perdu les noms, elle a peu de mémoire;
Mais tout Paris pourrait en retrouver l'histoire :
Et je n'aspire point à l'honneur singulier
D'être le successeur de l'univers entier.

LISETTE, allant vers le cabinet.

Paix! j'entends là-dedans... Je crains quelque aventure.

CLÉON, seul.

Lisette est difficile, ou la voilà bien sûre
Que je n'ai point l'amour qu'elle me soupçonnait :

Et si, comme elle, aussi Chloé l'imaginait,
Elle ne craindra plus...

LISETTE, à part, en revenant.

Elle est, ma foi! partie,
De rage, apparemment, ou bien par modestie.

CLÉON.

Eh bien?

LISETTE.

On me cherchait. Mais vous n'y pensez pas,
Monsieur; souvenez-vous qu'on vous attend là-bas.
Gardons bien le secret, vous sentez l'importance...

CLÉON.

Compte sur les effets de ma reconnaissance,
Si tu peux réussir à faire mon bonheur.

LISETTE.

Je ne demande rien, j'oblige pour l'honneur.
A part, en sortant.
Ma foi, nous le tenons.

CLÉON, seul.

Pour couronner l'affaire
Achevons de brouiller et de noyer Valère.

ACTE CINQUIÈME.

SCÈNE PREMIÈRE.

FRONTIN, LISETTE.

LISETTE.

Entre donc... ne crains rien, te dis-je, ils n'y sont pas.
Eh bien! de ta prison tu dois être fort las?

FRONTIN.

Moi! non. Qu'on veuille ainsi me faire bonne chère,
Et que j'aie en tout temps Lisette pour geôlière,

Je serai prisonnier, ma foi, tant qu'on voudra.
Mais si mon maître enfin...

LISETTE.

Supprime ce nom-là ;
Tu n'es plus à Cléon, je te donne à Valère :
Chloé doit l'épouser, et voilà ton affaire ;
Grâce à la noce, ici tu restes attaché,
Et nous nous marierons par-dessus le marché.

FRONTIN.

L'affaire de la noce est donc raccommodée ?

LISETTE.

Pas tout à fait encor, mais j'en ai bonne idée ;
Je ne sais quoi me dit qu'en dépit de Cléon
Nous ne sommes pas loin de la conclusion :
En gens congédiés je crois me bien connaître,
Ils ont d'avance un air que je trouve à ton maître ;
Dans l'esprit de Florise il est expédié.
Grâce aux conseils d'Ariste, au pouvoir de Chloé,
Valère l'abandonne : ainsi, selon mon compte,
Cléon n'a plus pour lui que l'erreur de Géronte,
Qui par nous tous dans peu saura la vérité
Veux-tu lui rester seul ? et que ta probité...

ACTE V.

FRONTIN.

Mais le quitter! jamais je n'oserai lui dire.

LISETTE.

Bon! Eh bien! écris-lui... Tu ne sais pas écrire
Peut-être?

FRONTIN.

Si, parbleu!

LISETTE.

Tu te vantes?

FRONTIN.

Moi? non:
Tu vas voir.

Il écrit.

LISETTE.

Je croyais que tu signais ton nom
Simplement; mais tant mieux: mande-lui, sans mystère,
Qu'un autre arrangement que tu crois nécessaire,
Des raisons de famille enfin, t'ont obligé
De lui signifier que tu prends ton congé.

FRONTIN.

Ma foi, sans compliment, je demande mes gages:
Tiens, tu lui porteras...

LISETTE.

Dès que tu te dégages
De ta condition, tu peux compter sur moi,
Et j'attendais cela pour finir avec toi;
Valère, c'en est fait, te prend à son service.
Tu peux dès ce moment entrer en exercice;
Et, pour que ton état soit dûment éclairci,
Sans retour, sans appel, dans un moment d'ici
Je te ferai porter au château de Valère
Un billet qu'il m'a dit d'envoyer à sa mère :
Cela te sauvera toute explication,
Et le premier moment de l'humeur de Cléon...
Mais je crois qu'on revient.

FRONTIN.

Il pourrait nous surprendre,
J'en meurs de peur : adieu.

LISETTE.

Ne crais riens : va m'attendre.
Je vais t'expédier.

FRONTIN, *revenant sur ses pas.*

Mais à propos vraiment,
J'oubliais...

LISETTE.

Sauve-toi ; j'irai dans un moment
T'entendre et te parler.

SCÈNE II.

LISETTE.

J'ai de son écriture :
Je voudrais bien savoir quelle est cette aventure,
Et pour quelle raison Ariste m'a prescrit
Un si profond secret quand j'aurais cet écrit.
Il se peut que ce soit pour quelque gentillesse
De Cléon ; en tout cas je ne rends cette pièce
Que sous condition, et s'il m'assure bien
Qu'à mon pauvre Frontin il n'arrivera rien :
Car enfin bien des gens, à ce que j'entends dire,
Ont été quelquefois pendus pour trop écrire.
Mais le voici.

SCÈNE III.

ARISTE, FLORISE, LISETTE.

LISETTE, à part, à Ariste.

Monsieur, pourrais-je vous parler?

ARISTE.

Je te suis dans l'instant.

SCÈNE IV.

FLORISE, ARISTE.

ARISTE.

C'est trop vous désoler ;
En vérité, madame, il ne vaut point la peine
Du moindre sentiment de colère ou de haine :
Libre de vos chagrins, partagez seulement
Le plaisir que Chloé ressent en ce moment
D'avoir pu recouvrer l'amitié de sa mère,
Et de vous voir sensible à l'espoir de Valère.
Vous ne m'étonnez point, au reste, et vous deviez
Attendre de Cléon tout ce que vous voyez.

ACTE V.

FLORISE.

Qu'on ne m'en parle plus : c'est un fourbe exécrable,
Indigne du nom d'homme, un monstre abominable.
Trop tard pour mon malheur je déteste aujourd'hui
Le moment où j'ai pu me lier avec lui.
Je suis outrée !

ARISTE.

Il faut, sans tarder, sans mystère,
Qu'il soit chassé d'ici.

FLORISE.

Je ne sais comment faire,
Je le crains ; c'est pour moi le plus grand embarras.

ARISTE.

Méprisez-le à jamais, vous ne le craindrez pas.
Voulez-vous avec lui vous abaisser à feindre ?
Vous l'honoreriez trop en paraissant le craindre ;
Osez l'apprécier : tous ces gens redoutés,
Fameux par les propos et par les faussetés,
Vus de près ne sont rien ; et toute cette espèce
N'a de force sur nous que par notre faiblesse.
Des femmes sans esprit, sans grâces, sans pudeur,
Des hommes décriés, sans talents, sans honneur ;

Verront donc à jamais leurs noirceurs impunies,
Nous tiendront dans la crainte à force d'infamies,
Et se feront un nom d'une méchanceté
Sans qui l'on n'eût pas su qu'ils avaient existé !
Non ; il faut s'épargner tout égard, toute feinte ;
Les braver sans faiblesse, et les nommer sans crainte.
Tôt ou tard la vertu, les grâces, les talents,
Sont vainqueurs des jaloux, et vengés des méchants.

FLORISE.

Mais songez qu'il peut nuire à toute ma famille,
Qu'il va tenir sur moi, sur Géronte et ma fille,
Les plus affreux discours...

ARISTE.

                    Qu'il parle mal ou bien,
Il est déshonoré, ses discours ne sont rien ;
Il vient de couronner l'histoire de sa vie :
Je vais mettre le comble à son ignominie
En écrivant partout les détails odieux
De la division qu'il semait en ces lieux.
Autant qu'il faut de soins, d'égards, et de prudence
Pour ne point accuser l'honneur et l'innocence,
Autant il faut d'ardeur, d'inflexibilité
Pour déférer un traître à la société ;

ACTE V.

Et l'intérêt commun veut qu'on se réunisse
Pour flétrir un méchant, pour en faire justice.
J'instruirai l'univers de sa mauvaise foi,
Sans me cacher; je veux qu'il sache que c'est moi :
Un rapport clandestin n'est pas d'un honnête homme;
Quand j'accuse quelqu'un, je le dois, et me nomme.

FLORISE.

Non; si vous m'en croyez, laissez-moi tout le soin
De l'éloigner de nous sans éclat, sans témoin.
Quelque peine que j'aie à soutenir sa vue,
Je veux l'entretenir, et dans cette entrevue
Je vais lui faire entendre intelligiblement
Qu'il est de trop ici : tout autre arrangement
Ne réussirait pas sur l'esprit de mon frère :
Cléon plus que jamais a le don de lui plaire;
Ils ne se quittent plus, et Géronte prétend
Qu'il doit à sa prudence un service important.
Enfin, vous le voyez, vous avez eu beau dire
Qu'on soupçonnait Cléon d'une affreuse satire,
Géronte ne croit rien : nul doute, nul soupçon
N'a pu faire sur lui la moindre impression...
Mais ils viennent, je crois : sortons, je vais attendre
Que Cléon soit tout seul.

SCÈNE V.

GÉRONTE, CLÉON.

GÉRONTE.

Je ne veux rien entendre;
Votre premier conseil est le seul qui soit bon :
Je n'oublierai jamais cette obligation.
Cessez de me parler pour ce petit Valère;
Il ne sait ce qu'il veut, mais il sait me déplaire :
Il refusait tantôt, il consent maintenant.
Moi, je n'ai qu'un avis, c'est un impertinent.
Ma sœur sur son chapitre est, dit-on, revenue :
Autre esprit inégal sans aucune tenue;
Mais ils on beau s'unir, je ne suis pas un sot;
Un fou n'est pas mon fait, voilà mon dernier mot.
Qu'ils en enragent tous, je n'en suis pas plus triste.
Que dites-vous aussi de ce bon homme Ariste?
Ma foi, mon vieux ami n'a plus le sens commun;
Plein de préventions, discoureur importun,
Il veut que vous soyez l'auteur d'une satire
Où je suis pour ma part; il vous fait même écrire
Ma lettre de tantôt : vainement je lui dis

Qu'elle était clairement d'un de vos ennemis,
Puisqu'on voulait donner des soupçons sur vous-même;
Rien n'y fait : il soutient son absurde système.
Soit dit confidemment, je crois qu'il est jaloux
De tous les sentiments qui m'attachent à vous.

CLÉON.

Qu'il choisisse donc mieux les crimes qu'il me donne;
Car moi, je suis si loin d'écrire sur personne,
Que, sans autre sujet, j'ai renvoyé Frontin
Sur le simple soupçon qu'il était écrivain;
Il m'était revenu que dans des brouilleries
On l'avait employé pour des tracasseries :
On peut nous imputer les fautes de nos gens,
Et je m'en suis défait de peur des accidents.
Je ne répondrais pas qu'il n'eût part au mystère
De l'écrit contre vous; et peut-être Valère,
Qui refusait d'abord, et qui connaît Frontin
Depuis qu'il me connaît, s'est servi de sa main
Pour écrire à sa mère une lettre anonyme.
Au reste... il ne faut point que cela vous anime
Contre lui; ce soupçon peut n'être pas fondé.

GÉRONTE.

Oh! vous êtes trop bon : je suis persuadé,

Par le ton qu'employait ce petit agréable,
Qu'il est faux, méchant, noir, et qu'il est bien capable
Du mauvais procédé dont on veut vous noircir.
Qu'on vous accuse encore! oh! laissez-les venir.
Puisque de leur présence on ne peut se défaire,
Je vais leur déclarer d'une façon très-claire
Que je romps tout accord ; car, sans comparaison,
J'aime mieux vingt procès qu'un fat dans ma maison.

SCÈNE VI.

CLÉON.

Que je tiens bien mon sot! Mais par quelle inconstance
Florise semble-t-elle éviter ma présence?
L'imprudente Lisette aurait-elle avoué?
Elle consent, dit-on, à marier Chloé.
On ne sait ce qu'on tient avec ces femmelettes :
Mais je l'ai subjuguée... un mot, quelques fleurettes
Me la ramèneront... ou, si je suis trahi,
J'en suis tout consolé, je me suis réjoui.

SCÈNE VII.

CLÉON, FLORISE.

CLÉON.

Vous venez à propos : j'allais chez vous, madame...
Mais quelle rêverie occupe donc votre âme ?
Qu'avez-vous ? vos beaux yeux me semblent moins sereins ;
Faite pour les plaisirs, auriez-vous des chagrins ?

FLORISE.

J'en ai de trop réels.

CLÉON.

Dites-les-moi, de grâce,
Je les partagerai, si je ne les efface.
Vous connaissez...

FLORISE.

J'ai fait bien des réflexions,
Et je ne trouve pas que nous nous convenions.

CLÉON.

Comment, belle Florise ? et quel affreux caprice
Vous force à me traiter avec tant d'injustice ?

Quelle était mon erreur! quand je vous adorais,
Je me croyais aimé...

FLORISE.

Je me l'imaginais;
Mais je vois à présent que je me suis trompée :
Par d'autres sentiments mon âme est occupée;
Des folles passions j'ai reconnu l'erreur,
Et ma raison enfin a détrompé mon cœur.

CLÉON.

Mais est-ce bien à moi que ce discours s'adresse?
A moi dont vous savez l'estime et la tendresse,
Qui voulais à jamais tout vous sacrifier,
Qui ne voyais que vous dans l'univers entier?
Ne me confirmez pas l'arrêt que je redoute;
Tranquillisez mon cœur : vous l'éprouvez, sans doute?

FLORISE.

Une autre vous aurait fait perdre votre temps,
Ou vous amuserait par l'air des sentiments;
Moi, qui ne suis point fausse...

CLÉON, à genoux, et de l'air le plus affligé.

Et vous pouvez, cruelle,
M'annoncer froidement cette affreuse nouvelle?

ACTE V.

FLORISE.

Il faut ne nous plus voir.

CLÉON, se relevant, et éclatant de rire.

Ma foi, si vous voulez
Que je vous parle aussi très-vrai, vous me comblez.
Vous m'avez épargné, par cet aveu sincère,
Le même compliment que je voulais vous faire.
Vous cessez de m'aimer, vous me croyez quitté ;
Mais j'ai depuis longtemps gagné de primauté.

FLORISE.

C'est trop souffrir ici la honte où je m'abaisse ;
Je rougis des égards qu'employait ma faiblesse.
Eh bien ! allez, monsieur : que vos talents sur nous
Épuisent tous les traits qui sont dignes de vous ;
Ils partent de trop bas pour pouvoir nous atteindre,
Vous êtes démasqué, vous n'êtes plus à craindre :
Je ne demande pas d'autre éclaircissement,
Vous n'en méritez point. Partez dès ce moment ;
Ne me voyez jamais.

CLÉON.

La dignité s'en mêle !
Vous mettez de l'humeur à cette bagatelle !

Sans nous en aimer moins, nous nous quittons tous deux.
Épargnons à Géronte un éclat scandaleux,
Ne donnons point ici de scène extravagante;
Attendons quelques jours, et vous serez contente :
D'ailleurs il m'aime assez, et je crois mal aisé...

FLORISE.

Oh! je veux sur-le-champ qu'il soit désabusé.

SCÈNE VIII.

GÉRONTE, ARISTE, VALÈRE, CLÉON, FLORISE, CHLOÉ.

GÉRONTE.

Eh bien! qu'est-ce, ma sœur? Pourquoi tout ce tapage?

FLORISE.

Je ne puis point ici demeurer davantage,
Si monsieur, qu'il fallait n'y recevoir jamais...

CLÉON.

L'éloge n'est pas fade.

GÉRONTE.

     Oh! qu'on me laisse en paix;
Ou, si vous me poussez, tel ici qui m'écoute...

ACTE V.

ARISTE.

Valère ne craint rien : pour moi, je ne redoute
Nulle explication. Voyons, éclaircissez...

GÉRONTE.

Je m'entends, il suffit.

ARISTE.

Non, ce n'est point assez :
Ainsi que l'amitié la vérité m'engage...

GÉRONTE.

Et moi je n'en veux point entendre davantage :
Dans ces misères-là je n'ai plus rien à voir,
Et je sais là-dessus tout ce qu'on peut savoir.

ARISTE.

Sachez donc avec moi confondre l'imposture ;
De la lettre sur vous connaissez l'écriture...
C'est Frontin, le valet de monsieur que voilà.

GÉRONTE.

Vraiment oui, c'est Frontin ; je savais tout cela :
Belle nouvelle !

ARISTE.

Eh quoi ! votre raison balance ?

Et vous ne voyez pas avec trop d'évidence...

GÉRONTE.

Un valet, un coquin!...

VALÈRE.

Connaissez mieux les gens;
Vous accusez Frontin, et moi je le défends.

GÉRONTE.

Parbleu! je le crois bien, c'est votre secrétaire.

VALÈRE.

Que dites-vous, monsieur? et quel nouveau mystère...
Pour vous en éclaircir interrogeons Frontin.

CLÉON.

Il est parti, je l'ai renvoyé ce matin.

VALÈRE.

Vous l'avez renvoyé; moi, je l'ai pris: qu'il vienne.
    A un laquais.
Qu'on appelle Lisette, et qu'elle nous l'amène.

GÉRONTE.

    A Valère.   A Cléon.
Frontin vous appartient? Autre preuve pour nous!
Il était à monsieur même en servant chez vous,

Et je ne doute pas qu'il ne le justifie.

CLÉON.

Valère, quelle est donc cette plaisanterie?

VALÈRE.

Je ne plaisante plus, et ne vous connais point.
Dans tous les lieux, au reste, observez bien ce point :
Respectez ce qu'ici je respecte et que j'aime;
Songez que l'offenser, c'est m'offenser moi-même.

GÉRONTE.

Mais vraiment il est brave ; on me mandait que non.

SCÈNE IX.

CLÉON, GÉRONTE, ARISTE, VALÈRE, FLORISE,
CHLOÉ, LISETTE.

ARISTE, à Lisette.

Qu'as-tu fait de Frontin? et par quelle raison...

LISETTE.

Il est parti.

ARISTE.

Non, non : ce n'est plus un mystère.

LISETTE.

Il est allé porter la lettre de Valère ;
Vous ne m'aviez pas dit...

ARISTE.

Quel contre-temps fâcheux !

CLÉON.

Comment! malgré mon ordre il était en ces lieux !
Je veux de ce fripon...

LISETTE.

Un peu de patience,
Et moins de compliments ; Frontin vous en dispense.
Il peut bien par hasard avoir l'air d'un fripon,
Mais dans le fond il est fort honnête garçon ;

Montrant Valère.

Il vous quitte d'ailleurs, et monsieur en ordonne :
Mais comme il ne prétend rien avoir à personne,
J'aurais bien à vous rendre un paquet qu'à Paris
A votre procureur vous auriez cru remis ;
Mais...

FLORISE, se saisissant du paquet.

Donne cet écrit ; j'en sais tout le mystère.

CLÉON, très-vivement.

Mais, madame, c'est vous... Songez...

ACTE V.

FLORISE.

Lisez, mon frère.
Vous connaissez la main de monsieur; apprenez
Les dons que son bon cœur vous avait destinés,
Et jugez par ce trait des indignes manœuvres...

GÉRONTE, en fureur, après avoir lu.

M'interdire! corbleu!... Voilà donc de vos œuvres!
Ah! monsieur l'honnête homme, enfin je vous connais :
Remarquez ma maison pour n'y rentrer jamais.

CLÉON.

C'est à l'attachement de madame Florise
Que vous devez l'honneur de toute l'entreprise :
Au reste, serviteur. Si l'on parle de moi,
Avec ce que j'ai vu, je suis en fonds; je croi,
Pour prendre ma revanche.

Il sort.

SCÈNE X.

GÉRONTE, ARISTE, VALÈRE, FLORISE CHLOÉ, LISETTE.

GÉRONTE, à Cléon qui sort.

Oh! l'on ne vous craint guère...
Je ne suis pas plaisant, moi, de mon caractère;
Mais morbleu! s'il ne part...

ARISTE.

Ne pensez plus à lui.
Malgré l'air satisfait qu'il affecte aujourd'hui,
Du moindre sentiment si son âme est capable,
Il est assez puni quand l'opprobre l'accable.

GÉRONTE.

Sa noirceur me confond... Daignez oublier tous
L'injuste éloignement qu'il m'inspirait pour vous.
Ma sœur, faisons la paix... Ma nièce aurait Valère,
Si j'étais bien certain...

ARISTE.

S'il a pu vous déplaire,
(Je vous l'ai déjà dit) un conseil ennemi...

GÉRONTE.

A Valère.   A Ariste.

Allons, je te pardonne... Et nous, mon cher ami,
Qu'il ne soit plus parlé de torts ni de querelles,
Ni de gens à la mode, et d'amitiés nouvelles.
Malgré tout le succès de l'esprit des méchants,
Je sens qu'on en revient toujours aux bonnes gens.

FIN.

www.ingramcontent.com/pod-product-compliance
Lightning Source LLC
Chambersburg PA
CBHW050633170426
43200CB00008B/995